奇点
极简管理

杨伟枫 ◎ 著

台海出版社

图书在版编目（CIP）数据

奇点极简管理 / 杨伟枫著 . -- 北京：台海出版社，
2021.8
ISBN 978-7-5168-3079-6

Ⅰ . ①奇… Ⅱ . ①杨… Ⅲ . ①管理学 Ⅳ . ① C93

中国版本图书馆 CIP 数据核字 (2021) 第 168560 号

奇点极简管理

著　　者：杨伟枫	
出 版 人：蔡　旭	封面设计：树上微出版
责任编辑：王　艳	

出版发行：台海出版社
地　　址：北京市东城区景山东街 20 号　　邮政编码：100009
电　　话：010-64041652（发行，邮购）
传　　真：010-84045799（总编室）
网　　址：www.taimeng.org.cn/thcbs/default.htm
E － mail：thcbs@126.com

经　　销：全国各地新华书店
印　　刷：武汉市籍缘印刷厂
本书如有破损、缺页、装订错误，请与本社联系调换

开　　本：710 毫米 ×1000 毫米		1/16	
字　　数：185 千字		印　张：17.5	
版　　次：2021 年 8 月第 1 版		印　次：2021 年 9 月第 1 次印刷	
书　　号：ISBN 978-7-5168-3079-6			

定　价：68.00 元

《奇点极简管理》——献给忙碌者的三分钟商学院

一、《奇点极简管理》是什么？重点面向哪些人群？能帮你解决什么问题？

《奇点极简管理》是基础的、实践派的管理学认知体系框架，是我通过十三年的不断学习、借鉴和总结，并结合工作实践摸索出来的一套"简·管理"的实践应用手册。

《奇点极简管理》共包括七个部分的内容，分别是战略、商模、品牌、产品、营销、管理和个人成长，每个部分都有严密的逻辑，是独立的体系。因为品牌和产品是一个企业的生命，为了凸显它们的重要性，本书把它们从传统的"市场营销"模块里独立出来单独阐述，为的是强化它们作为企业"从0到1"的平稳化增长，乃至"从1到N"的爆发式增长的基础作用。

这是个认知简化的时代，《奇点极简管理》是站在巨人的肩膀上，企图用"最简逻辑"把企业管理的七个板块的认知体系建构起来，以期能够帮助各行业的中层管理者在最短时间内搭建自己的管理认知框架，进一步提升行业的综合竞争力，从而走向更高的管理岗位。本书也希望能够帮助有意从事管理工作的基层从业者储备管理知识，为晋升中层和高管，提前武装自己，因为"机遇只光顾有准备的头脑"。

本书所讲的知识体系都是我亲自实践或参与指导，并对我产生了切实帮助的。由此缘起，本书不自然地带有了个人的属性。我从一个职场"小白"，经过一年的努力就突然被"天降大任"，走上了管理岗位。我之所以能够从对管理一无所知的职场"小白"成长为一个分管多个职能链条的公司高管，主要受益于两个方面：第一，受益于曾供职于给我学习启蒙的第一家学习型组织；第二，受益于在跟公司创始人的不断学习中磨炼出来的总结和思考的习惯。

二、为什么要出版《奇点极简管理》？为什么叫"奇点"？为什么只有"三分钟"的内容？

"得到"专栏主理人刘润老师曾出品过《5分钟商学院》，个人认为这是一个很伟大的栏目，因为刘润老师能够每天利用5分钟帮你搭建系统的商学认知框架，这对于想要在短时间内系统掌握知识、培养全局视野、打造通才的读者帮助很大。尤其是在这个信息爆炸的社会，在被自媒体等碎片阅读充斥的社会，人们往往很少有兴趣、有时间去系统阅读、研读大部头的经典书籍，甚至连略读的都很少。

基于此，本书也希望打造相对更加简洁、更加节省时间、更加高度浓缩的内容，奉献给忙碌的你，以便于你更容易接受和理解，也更容易搭建自己的认知体系。这就是我出版《奇点极简管理》的初衷。

世界著名的思想家、预言学家雷·库兹韦尔出版了一本书叫《奇点临近》，是一部预测人工智能和科技未来的奇书。

本书也叫"奇点"，只不过它不是预测未来，而是总结和整合前人的理论，以帮助我们更好地认识我们正在经历的这个商业社会。叫"奇点"，不是因为书里的观点奇特，而是因为我是一个很奇怪的人。我每次读完一本书或者学完一个新知识，都习惯地把它按照"一二三"点的模式或特定的结构总结出来，以便形成知识体系或者系统模型，以致成了一种癖好，而且还深陷其中，不能自拔。所谓"守正出奇"，学习知识、接收知识要"守正"，内化知识、运用知识要"出奇"。

在此，也希望把我的"奇点"分享给跟我有相同"癖好"的你。

《道德经》第四十二章说："道生一，一生二，二生三，三生万物。"大道至简，伟大的智慧都是最简单的。

在老庄的哲学思想中，"三"就是有限之极，无限之始，其蕴含着精深的哲学智慧。"三"也是中国"天人合一"哲学的最高智慧基数，"三才之道"便是"天人合一"的最高境界。

古代中国人认为"三"是最圆满的。《史记·律书》说"数始于一，终于十，成于三。"

本书力争用"同字三点"的模式总结提炼一个核心知识的三个要素，主要采用"是什么→为什么→怎么办"的"三段论"结构逻辑，重点要在"三分钟"内把"怎么办"的方法论，说清楚、讲明白，以帮助你节约时间、节省精力，更重要的是帮你领会"三生万物"的成功晋阶之道。

人类短时记忆的广度为5±2个信息单位，也就是最小为

3 个信息单位，最多为 7 个信息单位，这也正符合"魔数之七"原理。一般人的记忆极数不超过 7，所以，<u>我根据"魔数之七"原理和"最简法则"，把企业管理分成七个重点板块，通过七个板块的方法论建构，并辅助以七大图谱，帮你"炼"成"七大高手"</u>。每个板块的总体介绍文字控制在 5000 字左右。另外，<u>又把七个重点板块的内容分别分解为七个章节（七个"奇点"），力争在七个章节内建构本板块的知识体系和认知逻辑。每个体系内的分级内容都按照"同字三点"的模式进行总结归纳，并辅以配套的图解建构模型，以方便记忆，从而理解、领悟、应用</u>。比如：我把"战略愿景"概括为"三想"：空想、梦想和理想。把"品牌建设"概括为"三品"：品类、品质、品位，都符合"同字三点"原则。

本书把每个"奇点"浓缩成 1200 字，每篇文章的字数浮动在 ±200 字之间，为的是在保证内容丰富、逻辑顺畅的前提下，最大限度地为你节省时间，让你只需要花三分钟（一般人的阅读速度平均为 300 ～ 500 字／分钟）就能阅读完一个知识点，就能了解经典实用的管理概念，搭建自己的认知体系。顺利进阶，逆袭精英，掌控成功人生。

本书是基础版，也就是管理的入门读物，在建构整体知识体系的同时，企图为你搭建每个板块的方法论体系。但因实践范围的局限，我不能把管理的每个板块都梳理清楚，因为管理（学）包罗万象，远远不止于这七个板块。况且每本管理（学）著作划分的板块也不尽相同。又限于篇幅和字数，我也没能把每个观点以及理论都讲清楚，所以，请在此基础上，再进行适当的延伸阅读。寻根溯源，带着批判的思维，再去探源管理大师和名家的经典著作，反过来也有利于斧正和深化本书提出的观点。

管理之道博大精深，难以详尽，对管理的认知也是仁者见仁智者见智。如果本书能够对读者朋友认识管理本质，搭建认知体系有帮助，对同侪共进有助益，则吾心可慰。

因为有"炼字癖"，加上我对"简"有执念，所以不免会遗憾地舍弃一些不符合"同字三点"原则或者以我目前的能力和视野还没能整合、概括进来的内容，只能跟你说声抱歉，也有待你的批评指正和继续完善。

还有一点，因为时间限定在三分钟的缘故，本书采用的模式是一句话案例，提供的都是管理学"干货"。如果你觉得阅读体验有点儿"干"的话，在此送你一句话，也作为序言的结尾："一书一茶一世界，三点三分定乾坤！"

杨伟枫

2021 年 1 月 4 日于济南·学思斋

《奇点极简管理》总体罗盘图

中心：**奇点**

内环分类：成长　战略　商模　品牌　产品　营销　管理

中环："三"字诀：
三想　三做　三势　三角　三力　三化　三端　三好　三能　三销　三数　三力　三管　三尽　三重　三方　三分　三共　三无　三人　三理　三横　三路

外环（部分）：
- 知己好之乐之
- 空想\梦想\理想
- 做大\做强\做久
- 蓝海\黄海\红海
- 卡位\占位\补位
- 建心\同心\攻心
- 背稿\找稿\脱稿
- 思路\思考\思维
- 一八二\八三八
- 无界\无级\无度
- 共融\共享\共赢
- 分地\分权\分钱
- 方向\方式\方法
- 能力\动力\定力
- 他管\自管\不管
- 尽力\尽心\尽智
- 重构重组重复
- 见到\价到\心到
- 推力\拉力\动力
- 不变\博弈\迭变
- 奇营\主营\副营
- 经销\直销\网销
- 势能\动能\核能
- 好用\好看\好玩
- 痛点\痒点\爽点
- 乘法除法减法
- 低端中端高端

目录

第一部分　战略管理篇 ……………………………………………… **001**

　⊙ **战略高手是怎样"炼"成的**　　　　　　　　　**002**

　　┌─────────────────────────────────┐
　　│ 图谱一：战略顶层设计"金字塔"模型　　　　**011**
　　└─────────────────────────────────┘

　奇点 1　战略愿景——三想：空想、梦想、理想　　**012**

　奇点 2　战略方向——三做：做大、做强、做久　　**016**

　奇点 3　战略竞争——三海：蓝海、黄海、红海　　**020**

　奇点 4　战略定位——三位：卡位、占位、抢位　　**024**

　奇点 5　战略层级——三级：一级、二级、三级　　**028**

　奇点 6　战略执行——三化：实化、虚化、外化　　**032**

　奇点 7　战略配称——三力：人力、能力、学力　　**035**

第二部分　商业模式篇 ……………………………………………… **039**

　⊙ **商模高手是怎样"炼"成的**　　　　　　　　　**040**

　　┌─────────────────────────────────┐
　　│ 图谱二：商模顶层设计"冰山"原理　　　　　**049**
　　└─────────────────────────────────┘

　奇点 1　思维模式——三度：高度、宽度、深度　　**050**

　奇点 2　产业结构——三维：一维、二维、三维　　**054**

奇点 3　企业等级——三等：一等、二等、三等　　　**058**

奇点 4　企业竞争——三竞：竞争、竞合、竞享　　　**062**

奇点 5　业务变革——三道：原道、变道、换道　　　**066**

奇点 6　赢利模式——三创：创增、创收、创利　　　**069**

奇点 7　增长模式——三量：存量、增量、变量　　　**073**

第三部分　品牌管理篇 ·· **077**

◎ 品牌高手是怎样"炼"成的　　　　　　　　　　**078**

图谱三：品牌顶层设计"九宫格·点线面"模型　　**089**

奇点 1　品类创新——三化：简化、分化、进化　　　**090**

奇点 2　品牌定位——三定：定量、定性、定类　　　**095**

奇点 3　心智占位——三军：冠军、亚军、季军　　　**099**

奇点 4　品类推广——三聚：聚人、聚力、聚智　　　**103**

奇点 5　品牌建设——三品：品类、品质、品位　　　**107**

奇点 6　品牌打造——三度：高度、角度、温度　　　**111**

奇点 7　品牌营销——三认：认知、认同、认购　　　**115**

第四部分　产品管理篇 ·· **119**

◎ 产品高手是怎样"炼"成的　　　　　　　　　　**120**

图谱四：产品创新"正三观"图谱　　　　　　　　**126**

奇点 1　产品系统——三网：天网、地网、人网　　　**127**

奇点 2　产品规划——三度：长度、宽度、深度　　　**131**

奇点 3　市场定位——三众：大众、分众、小众　　　**135**

奇点 4　产品定位——三端：低端、中端、高端　　**139**

奇点 5　产品创新——三法：乘法、除法、减法　　**143**

奇点 6　产品策划——三点：痛点、痒点、爽点　　**147**

奇点 7　策划趋势——三好：好用、好看、好玩　　**151**

第五部分　营销管理篇 **155**

◉营销高手是怎样"炼"成的　　**156**

> 图谱五：营销管理"塔级"时空图谱　　**164**

奇点 1　营销制胜——三能：势能、动能、核能　　**165**

奇点 2　渠道结构——三销：经销、直销、网销　　**169**

奇点 3　渠道选择——三营：专营、主营、兼营　　**173**

奇点 4　客户特征——三变：不变、善变、改变　　**177**

奇点 5　渠道策略——三力：推力、拉力、动力　　**181**

奇点 6　营销推广——三到：见到、价到、心到　　**185**

奇点 7　营销模式——三重：重构、重组、重复　　**189**

第六部分　企业管理篇 **193**

◉管理高手是怎样"炼"成的　　**194**

> 图谱六：企业管理"公路"理论　　**202**

奇点 1　管理本质——三尽：尽力、尽心、尽智　　**203**

奇点 2　管理阶段——三管：他管、自管、不管　　**207**

奇点 3　管理驱动——三力：能力、动力、定力　　**211**

奇点 4　执行模式——三方：方向、方式、方法　　**215**

奇点 5 经营模式——三分：分地、分权、分钱　　　**218**

奇点 6 经营逻辑——三共：共融、共享、共赢　　　**221**

奇点 7 组织变革——三无：无界、无级、无度　　　**224**

第七部分　个人成长篇 ⋯⋯⋯⋯⋯⋯⋯⋯⋯⋯⋯⋯　**227**

◉ **成长高手是怎样"炼"成的**　　　**228**

图谱七：个人快速成长模型　　　**237**

奇点 1 时间管理——三八：一八、二八、三八　　　**238**

奇点 2 学习管理——三思：思路、思考、思维　　　**242**

奇点 3 核心技能——三到：脑到、口到、手到　　　**246**

奇点 4 演讲技能——三稿：背稿、仗稿、脱稿　　　**250**

奇点 5 认知升级——三心：虚心、同心、离心　　　**254**

奇点 6 事业格局——三做：做事、做式、做局　　　**258**

奇点 7 读书境界——三之：知之、好之、乐之　　　**262**

参考文献 ⋯⋯⋯⋯⋯⋯⋯⋯⋯⋯⋯⋯⋯⋯⋯⋯⋯⋯　**266**

第一部分　战略管理篇

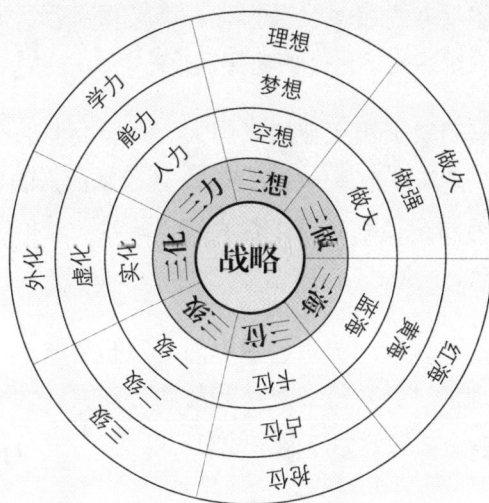

理想

梦想

空想

三想

做大

做强

做久

战略

理化（中心）

能力

学力

人力

实化

虚化

外化

三化

三体

三略

三收

三修

修一

修二

修三

拾收

收一

收二

收三

战略高手是怎样"炼"成的

取势·明道·优术

据传，华为的一名新员工、高才生，刚入职华为时，就针对公司的经营战略，给任正非上了一封万言书。原本觉得自己这封万言书能获得任正非的肯定和表扬，可是结果却出乎意料。任正非看了他这封万言书后，批复人事部门："此人假若有神经病，建议马上送医院治疗；若是没病，建议马上辞退。"

马云也曾规定，刚入职不到一年的员工，万万不要写战略陈述，万万不要瞎提阿里发展大计，谁提谁离开！但你成了三年阿里人后，你讲的话他必然洗耳恭听。

这是中国两家顶级企业的掌门人，为什么他们不允许新员工轻言战略？是新员工理论知识不够，还是掌门人的格局不够？都不是。因为制定战略只是少数人的"游戏"，执行战略才是多数人的活动。

<u>战略是生死大计</u>，决定着组织的方向和命运。只有对这个行业有充分理解，并对行业发展趋势和宏观发展大势有很好把握的人，才有资格和能力来制定战略。

制定战略的人可能是企业家本人，也可能是核心高管或高管团队，因为他们无论是对公司发展状况、行业发展趋势还是宏观发展大势都具备一定的把握能力，这也恰是中高层管理者需要具备也急需具备的能力。

既然战略这么重要，那到底什么是战略？

战略的本质就是事关长远发展问题的一种筹划。战略管理的价值与核心在于解决发展方向问题。

好的战略应该符合**两大定律**，应该明确回答三大问题。

第一定律：战略是地图，整体决定部分。战略是地图，它能告诉你前进的路径。战略要回答的第一个问题："我是谁？"第二个问题："我要去哪儿？"

第二定律：战略是罗盘，方向锁定行动。有方向才有归属感，有方向心里才会安定。战略要回答的第三个问题："我如何去？"

所以战略最强调的两个基本原则是：整体决定部分，方向锁定行动。

（地图）整体的价值在于回答"我是谁？我要去哪儿？——战略定位"。只有明确了战略定位，我们才能知道，现在所做的一切，有什么价值和意义。

这也是企业的愿景——"诗和远方"，我归纳了"三想"：空想、梦想和理想，来帮助理解战略愿景。

（罗盘）方向的价值在于回答"我如何去？——战略规划"。有了方向，就有了目标；有了目标，就有了信心和动力。

好的战略不在于复杂，而在于简单。只需要用一句话就能概括公司的战略，即回答"我是谁，去哪里，如何去"的问题。

那么，明确了战略的两大定律和基本原则，也明确回答了战略的三大基本问题，那战略到底应该如何落地？战略高手到底是怎样"炼"成的？

　　李嘉诚先生纵横商界几十年，是多年的华人首富，可谓是战略管理大师。他最推崇六个字：取势、明道、优术。此六字出自老子所著的《道德经》，被李嘉诚先生题为长江商学院的校训，作为这家商学院的教育指引。"取势、明道、优术"这六个字正好精准地概括了战略管理的核心方法论。

　　那什么是"取势、明道、优术"？

　　取势："善战者，因其势而利导之。""势"就是大的发展趋势和宏观政策导向。"天下大势，浩浩汤汤（shāngshāng），顺之者昌，逆之者亡。""取势"不是造势更不是逆势，而是要审时度势，顺势而为。

　　任何想在管理梯队中向上的人，都需要富有远见，具有谋篇布局的战略能力。

　　古代诗人罗隐说："时来天地皆同力，运去英雄不自由。"真正伟大的力量，是时代的趋势。

　　1997—2000 年，是中国互联网的起点，成就了 BAT（百度、阿里、腾讯），因为它们抓住了互联网的大势。

　　2010—2012 年，是中国移动互联网的起点，成就了 TMD（头条、美团、滴滴），因为它们抓住了移动互联网的大势。

　　选择比努力重要！"一将无能，累死千军。"作为企业家，首先要选择好"做大"与"做强"的路径，深入进行战略分析，明确企业的战略定位。

　　明道："物有本末，事有终始，知所先后，则近道矣。"一切事物，都统一遵循某种东西，这就是"道"。"道"是规律，"道"是理论。"明道"就是要尊重规律，尊重人性，因势利导。

"明道"就是要加强理论知识研修，强化方法论的总结和提炼。高管层要想成为战略家，首要前提就是系统地掌握战略管理的相关知识。

优术："凡事预则立，不预则废。""术"是能力，能力是知识、方法、策略和经验的集合体。"优术"就是要不断提升领导和管理能力，也就是从市场、产品、服务等多角度不断提升管理的技巧，积少成多，集腋成裘。

要做好战略执行，就要科学制定战术，优化战术。把战略的"虚化"和执行的"实化"相结合，做到战略品牌化、战略产品化和战略商模化，把战略整合到运营工作的方方面面，落地执行到位，战略才能实现，否则就是空中楼阁！

战略执行落地的根本是人才，所谓"战略引领，人才驱动"就是这个道理。所以，还要努力建设企业的人才管控体系，努力绘制企业"三图"：人才地图、能力地图和学习地图。

再举个例子，理解一下"取势、明道、优术"的内涵：

刘邦为什么能打败项羽？在两首诗里面就体现出来了。

刘邦的《大风歌》：大风起兮云飞扬。威加海内兮归故乡。安得猛士兮守四方！

项羽的《垓下歌》：力拔山兮气盖世。时不利兮骓不逝！骓不逝兮可奈何！虞兮虞兮奈若何！

刘邦强调的是事业，威加海内。强调的是人才，安得猛士。

项羽强调的是自己，力可拔山。强调的是爱情，虞兮奈何。

据说项羽一人可敌万人，刘邦远不可及。但决定胜负的，不是两人对决，不是比谁的老婆漂亮，而是比团队的系统管理能力。

刘邦可以说是典型的时势造英雄的产物，他先入咸阳，很多人要他自立为王，张良却劝他，势未到，不可轻易称王。后来刘邦出蜀，与项羽结"鸿沟之盟"，因项羽缺乏战略眼光，结盟后立即放了刘父及妻儿，使刘邦再无后顾之忧。张良在此时劝他借势灭了项羽，于是刘邦撕毁盟约，趁项羽无备突然袭击，一举消灭了项羽。

刘邦的成功可以说是"取势、明道、优术"方法论的综合运用。

那到底应该如何"取势、明道、优术"？

一、取势——一审、二谋、三乘

一审： 审时度势，关键在于正确判断。

内部：认真研究宏观经济走势和国家宏观调控政策，洞察政策红利和人口红利给行业带来的积极影响。抓住发展窗口期，紧跟风口，把握机遇。在全球化竞争日益深入的今天，大部分行业还要分析国际社会政治、经济走势，避免"蝴蝶效应"的影响。

深入调研分析时势，估计行业发展变化的趋势。深入了解大数据、云计算、物联网、人工智能等前沿科技给行业带来的预测性影响。另外，可以购买第三方权威机构作出的行业分析报告作为数据参考。有条件的企业可以设立专门的"情报"部门负责战略情报收集和数据分析，如腾讯和阿里先后设立了"参谋部"，并配备了首席战略官。

外部：引进外脑，聘请战略咨询顾问或行业权威人士做行业发展趋势预判及战略引导。但最终决策者一定是企业家本人或核心高管团队。

二谋：孙子曰："善弈者谋势，不善弈者谋子。"所谓"弈者"，就是下棋的人；所谓"势"，就是指客观形势的变化、战略战术的运用、敌我力量的布局和事物发展的趋向。

"善弈者谋势"，就是善于下棋的人，总是先要把握棋局发展的总体趋势，把能够左右胜败发展的"局"布好，控制能够影响棋局发展的关键"方位"，把棋局的发展纳入自己预设的轨道，最终一举奠定胜局。

"不善弈者谋子"，就是不善下棋者，只从局部着眼，计较于一子一时的得失，结果常常因小失大。

三乘：乘势而上。谋势是为了乘势而上。善于谋势，进而善于乘势，才能抢占先机，谋出新局面，创出新境界。只知谋势而不图进取，充其量只是一个"旁观者"；只求"大刀阔斧"，一味蛮干，而不管时势，也只是一个"莽汉子"。只有把两者有机地结合起来，才能在机遇与挑战并存中做到坚定和清醒，不仅抓住机遇，而且用好机遇。谋势需要冷静，乘势需要激情。

二、明道——一修心、二正观、三扩胸

一修心。一把手在企业经营中常常会有力不从心的感觉。这里的"力"代表个人能力，"心"代表个人心愿。造成"力不从心"的局面，则是因为自身德行与职务不相匹配，即"德不配位"。所以，企业家和核心高管首先要修心。

修心即净化心灵，修养心性。修行就是修心，修得一颗平

常心，无时不是快乐；修得一颗满足心，无处不是幸福；修得一颗成长心，无处不是精进；修得一颗勤奋心，无时不在奋斗。极致的奋斗就是最好的修行！

二正观。员工是企业的核心资产，是经营的逻辑起点。所以，首先要对员工进行正确的价值观引导，要让全体员工树立正确的价值导向。

正确的世界观决定正确的人生观，正确的人生观决定正确的价值观。价值观是人在一定的思维感官之上作出的认知、理解、判断或抉择，是人认定事物、判定是非的一种思维或取向。人生观是人们对于人生目的和意义的根本看法，它决定着人生道路的方向、选择的价值取向和对待生活的态度。

三扩胸。成功的路上，比的不是冠亚军，而是胸怀与境界！所以，要想成为成功企业家和优秀的职业经理人，首先要做的就是"扩胸运动"。"海纳百川，有容乃大。"作为企业家，首先要有"成人达己"的舍得境界和利他胸怀，企业家的使命就是成就他人。所谓"财聚人散，财散人聚"，"天下熙熙皆为利来，天下攘攘皆为利往"，员工基本的需求无非两个：名和利。企业家只要能舍得这两样东西，什么样的人才都能留住，什么样的人才都能网罗。道法自然，无为而治。只要企业家尊重人性、顺从民意，把企业的机制系统——"名和利"的系统建立起来，打通员工"升官、发财、养老"的通道，就为战略执行提供了落地的保障。

三、优术——三好原则：经营好员工，配置好资源，协调好关系

经营好员工。 伟大领袖毛主席说："武器是战争的重要的因素，但不是决定的因素，决定的因素是人不是物。"力量的对比不单是军力和经济力的对比，还有人力和人心的对比。因为军力和经济力是人去掌握的。一个人的能力再强，也很难是全才。而将众才为我所用，将许多偏才融为一体，才能组成无所不能的全才，发挥出无限巨大的力量。

要想经营好员工，企业管理者一定要树立"三观"：

正确的人才观。人人都能成才，人才就在身边。用人所长，天下皆可用之人；用人所短，天下无可用之人。

正确的育人观。企业家或管理者的第一要务就是育人。不懂得育人、不会育人的企业家或管理者是不合格的。企业家或管理者务必提高育人的能力。

止确的用人观。举贤不避亲，唯才是举，唯能任之。人人是人才，赛马不相马。

配置好资源。 资源配置是否到位是决定战略能否落地的先决条件。企业管理层一定要为战略定位提供一系列好的战略配置，把战略定位贯彻到企业运营的方方面面。聚焦配置，把有限的资金配置到效率最高、最急需的位置上。力出一孔，把所有的资源都聚焦到战略上。就像管理大师彼得·德鲁克所说的，组织中所有人的意志、行为都必须指向一个战略结果。

协调好关系。 企业生态是一个复杂的范畴，分外部生态与内部生态。外部生态关系是企业与政府及其相关部门的关系，

企业与有关机构和事业单位的关系，企业与有关社会组织的关系，企业与企业的关系。内部生态关系是董事长与股东的关系、与董事的关系、与监事会的关系、与经营团队的关系、与中层干部的关系、与普通员工的关系。内外关系协调，董事长或一把手是第一责任人，董事长或一把手不出面协调，会直接导致企业生态环境的恶化。

战略之道，即"取势、明道、优术"之道。战略高手就是精通了"取势、明道、优术"之道的优秀管理者。

图谱一：战略顶层设计"金字塔"模型

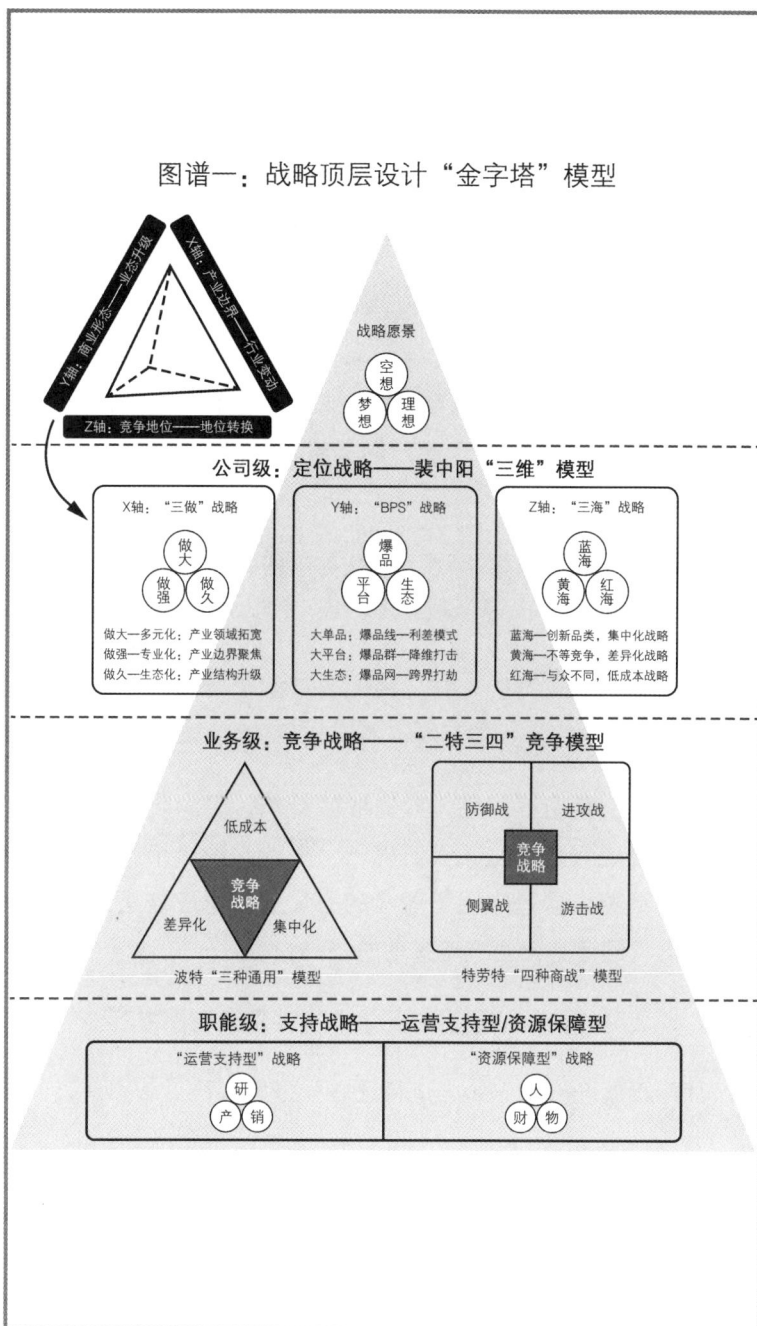

Y轴：商业形态——业态升级
X轴：产业动界——行业驱动
Z轴：竞争地位——地位转换

战略愿景

空想
梦想　理想

公司级：定位战略——装中阳"三维"模型

X轴："三做"战略	Y轴："BPS"战略	Z轴："三海"战略
做大 做强　做久	爆品 平台　生态	蓝海 黄海　红海
做大—多元化：产业领域拓宽 做强—专业化：产业边界聚焦 做久—生态化：产业结构升级	大单品：爆品线—利差模式 大平台：爆品群—降维打击 大生态：爆品网—跨界打劫	蓝海—创新品类，集中化战略 黄海—不等竞争，差异化战略 红海—与众不同，低成本战略

业务级：竞争战略——"二特三四"竞争模型

低成本

竞争战略

差异化　集中化

波特"三种通用"模型

防御战	进攻战
竞争战略	
侧翼战	游击战

特劳特"四种商战"模型

职能级：支持战略——运营支持型/资源保障型

"运营支持型"战略	"资源保障型"战略
研 产　销	人 财　物

奇点 1. 战略愿景——三想：空想、梦想、理想

很多人都向往"诗和远方"，但"诗和远方"到底是什么，在高晓松的歌中，大家才懵懂地知道它跟"眼前的苟且"相对，但却不知道"诗和远方"到底长什么样子。没有人品过，也没有人到过。

"诗"是在现实社会很难找得到却让人一直在寻找的一种虚幻的存在；"远方"是一个相对的概念，因为到过了一个远方，还会有另一个远方。

这就像人生的发展一样，每个人小时候都充满了梦想，都要过诗意的人生。

这也像企业的发展一样，每个想基业长青的企业都有自己的愿景，都有无限远大的目标，都有自己的"诗和远方"。

在这里，我们不讨论人如何成就梦想，因为听太多的大道理，也很难过好这一生。我们第一个板块讨论一个比较务虚的话题——战略。这是中层管理者的必修课，也应该是第一课，因为中层管理者是企业战略落地的核心力量。

讨论战略往往从"画饼"开始，也就是战略愿景。

战略愿景——企业的"诗和远方"是什么？

愿景，英文叫 vision，就是一幅描绘了美好未来的图景。**愿景的本质就是你或你们对企业自身发展蓝图的一种设想或描绘。**

那么，如何进行愿景的描绘呢？根据"同字三点"原则，笔者把它归纳成了"三想"：空想、梦想、理想。同字就是"想"，说明愿景的本质就是一种想象，有高于现实的想象，也有接近现实的想象。由"想"扩展了三个词语，即空想、梦想、理想。理解了这三个词语，就把握住了愿景的构成和设计的要领。

一、空想——长期愿景

"空想"一词源于"空想社会主义"，是现代社会主义思想的来源之一，准确的译法为乌托邦社会主义。"空想社会主义"主张建立一个没有阶级压迫和剥削以及没有资本主义弊端的理想社会。空想社会主义是某种人类社会发展的最高阶段。

对于企业而言，"空想"是企业为之奋斗终生甚至几代人都很难完成的宏伟目标，但是它却是我们前进的方向和坚定的信念，也就是企业的"长期愿景"。它跟人类社会的命运、世界发展的趋势以及国家发展的战略息息相关，它是一种高于企业的存在，一定程度上可以等同于"使命"，它要遵循"成人达己"的逻辑，承担成就他人、服务社会的重任。永远为之奋斗，但却虚幻飘忽，极难触及却无限美好。

二、梦想——中期愿景

"梦想"不同于"空想"，它并不是遥不可及的。"梦想还是要有的，万一实现了呢！"所以"梦想"有当期实现的可能性和现实条件，它不一定需要一代人或几代人花几十年或上百年的努力才能实现，它可能当下或短期内就能完成，这就是企业的"中期愿景"。

"梦想"的制定要符合企业的战略方向，既要具有前瞻性又要具有可行性，要虚实结合，既有精神的号召作用又要有实践的指导意义。

三、理想——短期愿景

"理想"是指符合理性思考的目标之想象。所以"理想"比"梦想"离我们更近。"梦想"的"梦"就代表着感性，代表着虚幻。"理想"的"理"代表着理性，代表着现实。所以我们把"理想"称为企业"短期愿景"，是企业的三年目标或五年规划，是可以通过发展趋势预测的当下或者明天。

这就是"三想"战略愿景，即空想、梦想和理想。掌握了"三想"模型，也就理解了愿景设计的方法论。

长期原景

空想：幻境

战略
愿景

梦想：蓝图

理想：现实

中期愿景

短期愿景

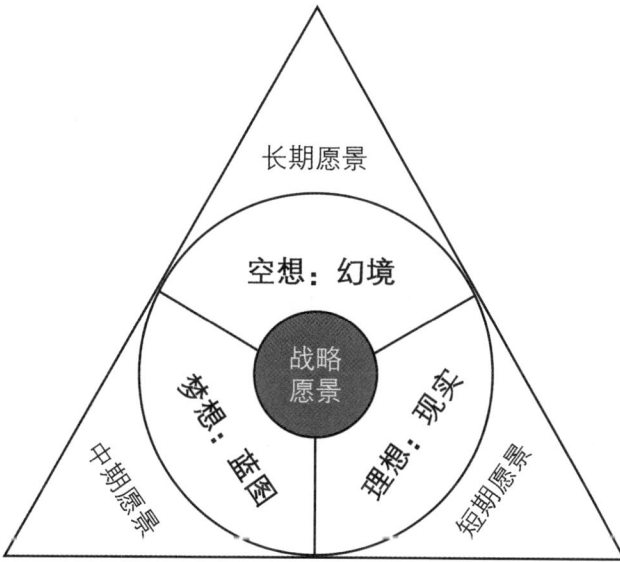

战略愿景："三想"模型

图解01

奇点 2. 战略方向——三做：做大、做强、做久

很多企业家都希望自己的企业能够基业长青、世代传承，就像很多开国皇帝认为自家的王朝可以千秋万代一样。但终究没有一个王朝，也没有一家企业可以真正永生。因为这是客观规律，一个封建王朝有"历史周期律"，一个企业有"生命周期律"。所以，我们要追求的就是在尊重规律的前提下如何延长企业的生命周期，使企业做到相对的"永续经营、基业久长"。

那如何才能做得更久呢？这就是这一"奇点"的核心内容——战略方向，也是每个企业家兼战略家首先应该思考的问题。

战略方向的本质是什么？战略方向就是考虑做什么能做得久，如何做能做得久的根本问题。

根据"同字三点"原则，笔者把战略方向归纳为"三做"，即做大、做强、做久。

"做久"是最终目标，"做大"或者"做强"是通往目标的必经路径。不大不强不可能做久，反过来一个做得久的企业要么是某个领域的第一，要么是某个领域的唯一。

在这里只探讨实现"做久"的路径问题。那么到底应该先"做大"还是先"做强"？这是管理界很多人在争论的话题。

蒙牛前总裁牛根生认为："强大强大，强了才能大。"上海超限战营销策划公司总经理沈志勇则认为，"先做大，后做强"才是中国企业发展的必然道路。

从逻辑上看，这两个只是观点，不是事实，所以没有对错，以上也只代表不同人对不同事，因时因地的不同看法而已。

笔者认为，"做强"与"做大"是辩证统一的关系，不能一概而论，而应该结合企业所选择的市场（赛道）大小、市场竞争程度、战略配称，以及战略规划来综合考虑。**战略就是一种选择和取舍，任何选择和取舍都有前提条件，所以要因企制异。**

一、做大——广度 / 宽度

如果你选择的是一个蓝海市场，全新的赛道，市场处于不充分竞争阶段，没有品牌占据用户心智，那就要迅速占领市场，快速进行品类教育，快速积累原始用户，做规模经济和范围经济。快速做到这个品类的第一，防止竞争对手跟进，先入为主，有效规避竞争。

在扩大规模的过程中，深挖企业护城河，一边做大一边做强，即构建核心竞争力。聚焦主业，辐射副业。深耕主业，专业打造，做大做强；辐射副业，并购整合，有效覆盖赛道，防控竞争对手切入。

二、做强——精度 / 深度

如果你选择的是一个红海市场，拥挤的赛道，市场处于充分完全竞争阶段，已经有强势品牌占据了用户心智，那就要通过细分缩小市场，做专做精。打造一厘米宽、一公里深的爆品，这样从一个点引爆一条线，再燃烧一个面。从一个根据地市场逐步复制到另一个根据地市场，逐步蚕食竞争对手的份额。

那是不是做强了就一定能做大呢？关键要看选择的赛道。比如选择狭窄的赛道，做强的结果就是"战无对手，市仅果腹"，这样的企业，如果跨行业对比，它不算大；但在其所在的狭窄赛道里，它已算顶尖了。

这类企业要想做大，就要拓展产业边界，革新赢利模式，将"利润点"扩展为"利润面"，也就是要从专业化战略定位扩展到多元化战略定位。那么，应该如何拓展赛道或更换赛道呢？

（一）拓展赛道（在赛道内）

1. 公司内：产品线的延伸。迅速进行产品线的横纵向延伸，打造圆满和丰满的"两满"产品线，不断推出企业的爆品。分化品类，创造、引领用户的需求，拓展赛道。

2. 公司外：产业链的延展。尝试进行前向一体化和后向一体化产业链延伸，打通上下游的边界，建立平台，链接用户，整合资源，实施平台战略。

（二）更换赛道（在赛道外）

围绕核心用户，布局产业生态，实施生态战略，围绕用户需求，提供大生态解决方案。

三、做久——长度／韧度

"强"与"大"是一种辩证关系，二者是动态关联的。光强不大，没有话语权；光大不强，没有竞争力。"先强后大""既大又强"才是一种理想的组合。这两种都是通往"做久"——基业长青的路径，都是延长企业长度和增强企业韧度的法宝。

对于企业来说，只有逗号，没有句号，强无封顶，大无边界！

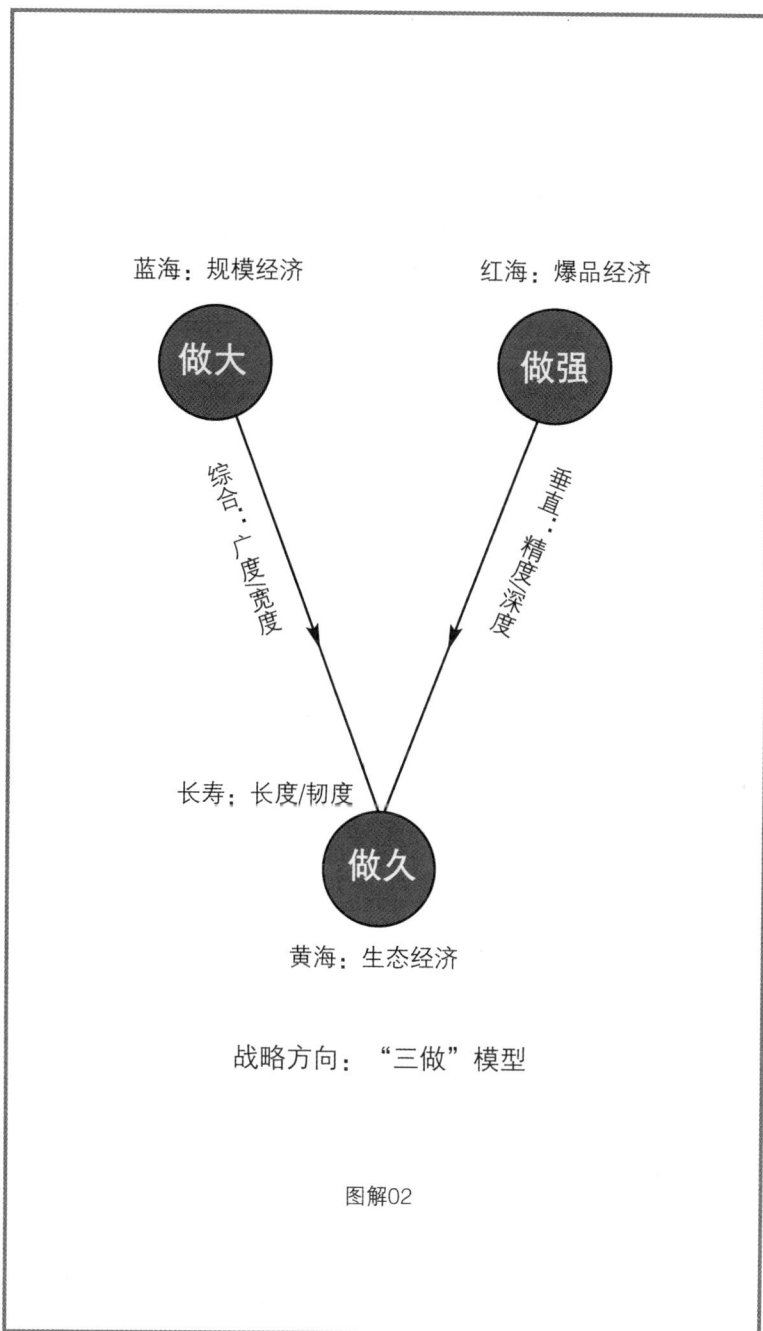

蓝海：规模经济　　　　　　　　红海：爆品经济

做大　　　　　　　　做强

综合：广度/宽度　　　　　　　垂直：精度/深度

长寿：长度/韧度

做久

黄海：生态经济

战略方向："三做"模型

图解02

奇点 3. 战略竞争——三海：蓝海、黄海、红海

一提起竞争，大家首先想到的是"你死我活"的争夺。无论是国美和苏宁实体店的低价拼杀，还是 360 和腾讯基于用户的"3Q"大战，再到当下"TMD（头条、美团、滴滴）"基于移动互联网的商模竞赛，都是一种竞争。

竞争层次是随着供需关系变化而出现的一种正常的商业规律，都是符合"产品生命周期率"的客观存在。

在产品同质化严重、商品供大于求的市场环境下，商家就只能开展低价竞争，在盈亏平衡点上下周旋，杀得昏天黑地、血流成河。这种竞争层级我们称之为"红海"。

那么，海一开始就是红的吗？当然不是。众所周知，海洋和天空原本都是蓝色的。市场竞争也跟我们生活的环境一样，一开始是一片"蓝海"，然后伴随着开发带来的污染的加剧，海水逐渐变黄，不断加剧、恶化。直到变成了"红海"，导致无法治理或治理成本太高，于是人们又到了另一片没有被污染的"蓝海"继续开发。

根据"同字三点"原则，笔者把战略竞争归纳成了"三海"：蓝海、黄海、红海。

一、蓝海——没有竞争：供小于求

蓝海市场代表着尚未开发或者亟待开发的市场空间，代表着发现新需求和创造新需求的机会。蓝海市场的开拓一般有两种途径。

途径一：开创全新的品类，无中生有，是原有品类的一个补集，是完全新创造出来的需求。这样的产品一上市就会引领市场，成为真正的唯一，完全没有竞争对手，供不应求。这种一般需要颠覆式的创新。

途径二：在原有品类的基础上开发新一代产品，是原有产品的升级换代，同样可以创造一部分新的需求。这类蓝海市场绝大多数其实是通过在红海市场内部，扩展现有产业边界而开拓出来的新市场。这种一般需要微创新。

在蓝海市场中，竞争可以忽略不计，因为游戏规则都还没有制定出来。

所谓蓝海战略就是，开创者根本不把精力放在竞争对手身上，而是放在用户和企业自身创造价值上，并由此开创出一片无人争抢的市场空间，彻底摆脱竞争。

二、黄海——相对竞争：供等于求

黄海战略就是蓝海战略和红海战略之间的过渡层级。企业开创了蓝海之后，会有很多跟随者进入这个市场。一起做大品类的同时，也逐渐加剧了这个市场的竞争格局，然后逐步地过渡到供等于求的黄海市场。

在这个阶段，客户更倾向于选择有相对优势的产品，如有空调第一品牌背书的格力，有良好质量保障的海尔，有超高性价比的小米，等等。用户开始选择那些具有相对优势的企业，这就是所谓的黄海战略。

黄海战略的本质就是寻找优势的竞争策略。把自身独有的优势加长，然后通过这部分独有的优势创造的价值来吸引客户。

直到你所有的优势都被竞争对手模仿并超越，直到所有企业在这一领域的优势全无，则这个市场就变成了一片汪洋红海。

三、红海——充分竞争：供大于求

红海市场代表着产业的界限已经被划定并为人们所接受，这里充满了残酷的竞争。

一般身陷红海市场的企业采用的战略都是在已有的产业秩序中建立自己的防御地位，以竞争对手为标杆，制定企业的战略行动。

一滴蓝色的海水或者黄色的海水倒进红海里，海水依然是红色的，这就是著名的"酒和污水"定律。这也就意味着微小的创新和改变会被竞争对手迅速模仿和覆盖。这个时期拼的只是运营效率，直至无限接近企业的"生产率边界"。谁的运营效率高，就意味着谁的竞争力强，谁就能在激烈竞争的红海中持续经营。反之，就要被无情的竞争所淘汰。要么寻找新的蓝海，要么在无奈中出局。

企业就是在这样的"蓝海→黄海→红海→蓝海→黄海→红海→……"的生生不息的过程中成长、幻灭，再成长、再幻灭。

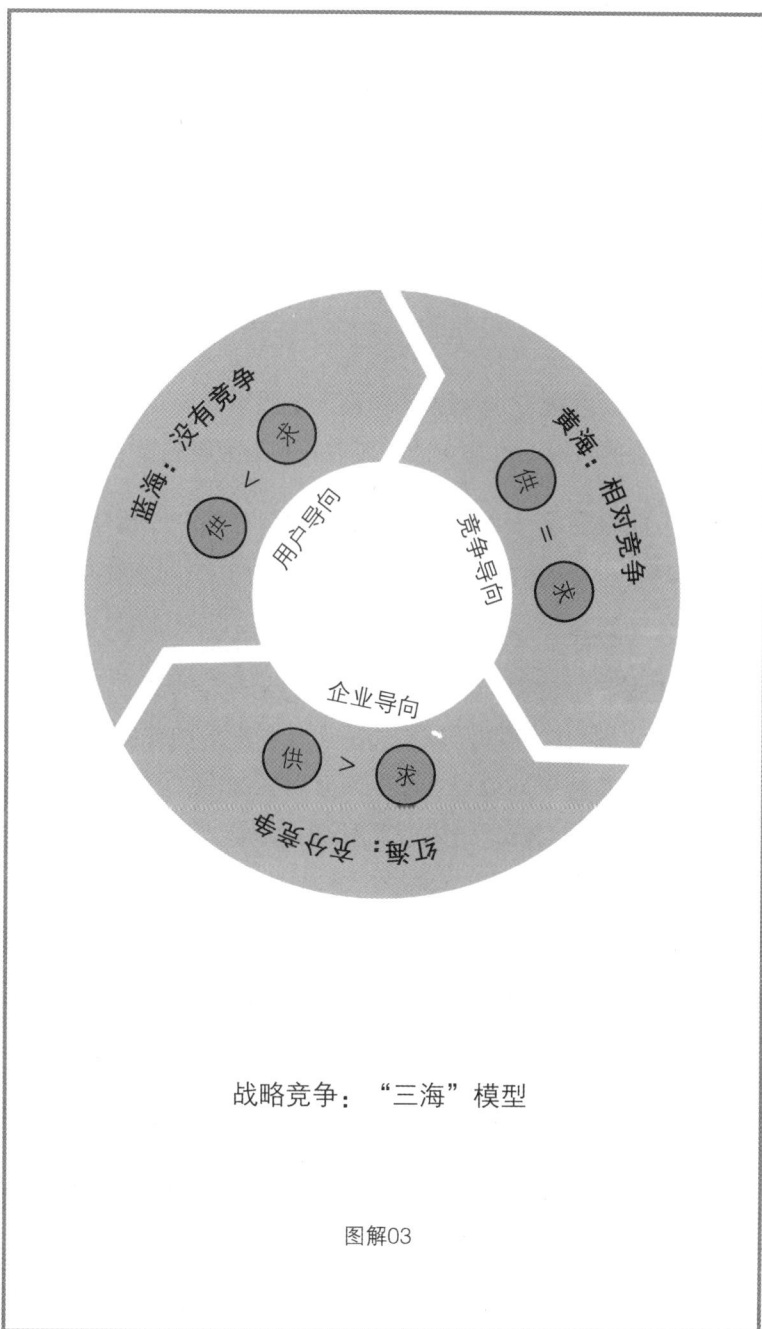

战略竞争："三海"模型

图解03

奇点 4. 战略定位——三位：卡位、占位、抢位

愿景是灯塔，定位是航向。一个创业企业可以没有愿景，但不能没有定位。没有梦想还可以前行，只是到不了远方；没有定位就看不到方向，根本不知道路在何方。

定位的前提是定类，创业的首要问题是找到自己的对手。找到了对手，才能知道哪些需求是竞争对手未满足的，这才是差异化制胜的关键，也是企业将要填补的心智空白。

定位的本质是什么？定位的本质就是在用户心智中确定一个位置。

这个位置要么是无人占领的，要么是从别人手里抢来的。反正要占据一个位置，这个位置就是企业奋斗的源点。然后以这个源点为圆心，向四周以不同的半径、不同的速度辐射，辐射的过程就是竞争的过程。敌人防守薄弱的地方，我们就能以最快的速度顺利突围，扩大战略半径，占领大片的领地；敌人防守严密的地方，我们就只能以奇袭或迂回的策略包抄或跨越。

如何定位？这里重点介绍三位定位大师的理论，他们的理论都是基于竞争导向，着眼于如何应对外部竞争的方法论。根据"同字三点"原则，笔者把战略定位归纳为"三位"：卡位、占位、抢位。

一、卡位：主体是企业——竞争战略之父：迈克尔·波特

1980 年，迈克尔·波特将"定位"引入战略领域，作为战略的核心，开创了企业竞争战略理论。

战略定位的实质就是选择与竞争对手不同的运营活动。根

据产品品类、客户需求和接触途径的不同，企业可以确定相应的定义基点。

1980 年，迈克尔·波特出版《竞争战略》，提出三条通行战略——成本领先、差异化、集中化。

1996 年，迈克尔·波特定位论之作《什么是战略》，强调"战略就是去创建一个价值独特的定位"。所以，任何企业首先要学会"卡位"，给自己找到一个独特的位置。

二、占位：主体是品牌——联合定位之父：杰克·特劳特

1969 年，杰克·特劳特首次提出商业中的"定位(positioning)"概念，首先用于营销传播领域，后来上升为公司战略。

特劳特认为：

"在传播层次：定位，就是令你的企业和产品与众不同，形成核心竞争力。对受众而言，即鲜明地建立品牌。"

"在战略层次：战略是指企业如何在顾客心智中建立差异化的定位，并由此来引领企业内部的运营。"

无论是在传播层次还是在战略层次，特劳特都强调"不同""差异"。所有的"不同"和"差异"都是相对于竞争对手而言，没有对比就无所谓差异化。

定位的根本是顾客心智中的差异化，后来特劳特又出版了《与众不同》，重点从九个方面来阐述，如何落地差异化。

品牌定位理论就是要在用户心智中占据一个有利的差异化位置。

三、抢位：主体是产品——现代营销之父：菲利普·科特勒

1970年，菲利普·科特勒将"定位"引入营销领域，作为4P之前最重要的另一个P，以引领企业营销活动的方向。

传统营销学被概括为4P理论：

产品（product）、价格（price）、渠道（place）、促销（promotion）。

战略营销学被概括为STP理论：

市场细分（market segmentation）→目标市场（market targeting）→市场定位（market Positioning），定位之前必须要有市场细分和目标市场选择。

产品定位就是在营销过程中把其产品或服务确定在目标市场中的一定位置上，即确定自己产品或服务在目标市场上的竞争地位，也叫"竞争定位"。

有了明确的产品定位，才能引领传统营销的4P活动。

"三位"战略定位理论，无论是企业竞争战略、品牌定位战略还是产品定位战略，一个共同点就是都强调"差异"，所以，战略就是一种差异化策略，是一种与竞争对手区隔开来的独特方法论。

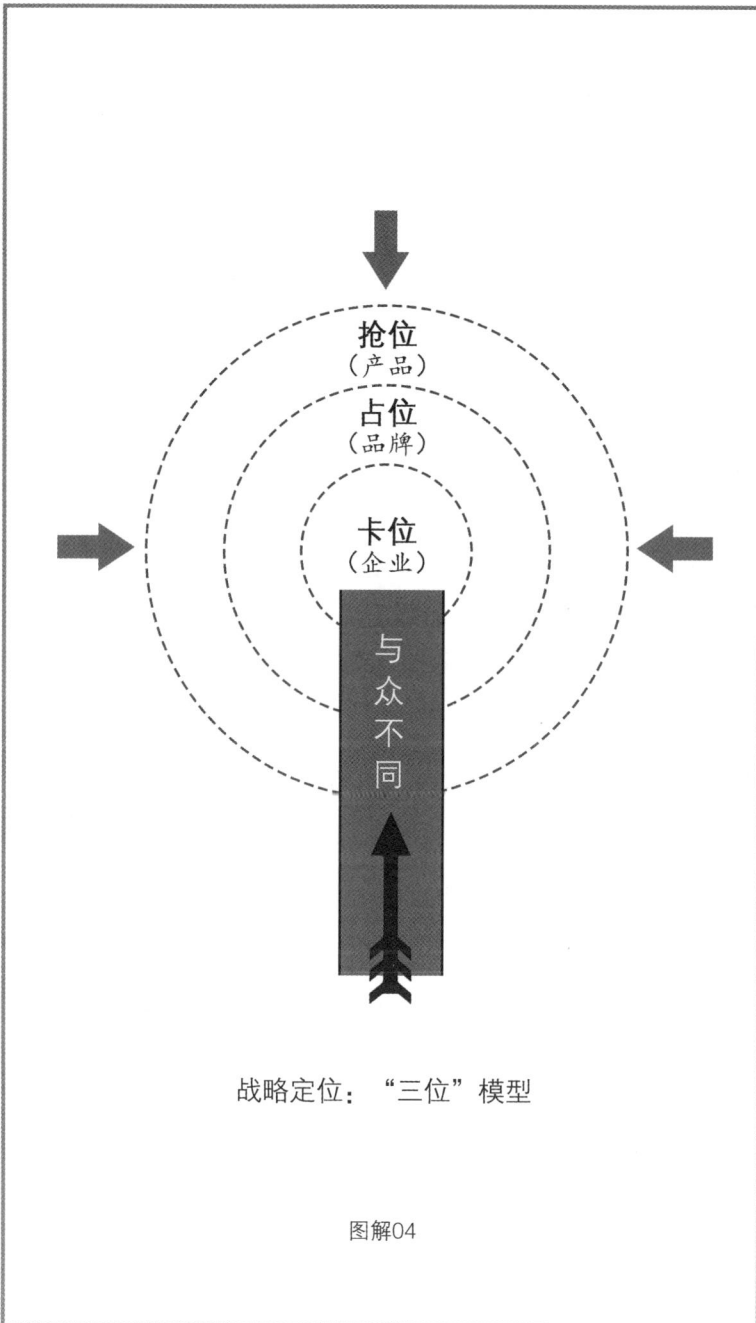

抢位
（产品）

占位
（品牌）

卡位
（企业）

与众不同

战略定位："三位"模型

图解04

奇点 5. 战略层级——三级：一级、二级、三级

上一个"奇点"介绍的"三位"定位理论的核心是"竞争战略"，而且都局限于营销传播和企业运营层面，无论是特劳特推崇的品类聚焦，还是波特坚持的产品聚焦，实践中多局限于单一产品的企业发展初级阶段，无法满足企业全球化竞争以及自身做强、做大的内在需求。

杰克·特劳特在《什么是战略》中指出：战略就是领导方向，但是仅仅停留在口号上，没有真正讲清楚如何进行战略配称以及如何保障战略的真正落地。

迈克尔·波特的《什么是战略》只是从经营活动层面来解释战略定位，始终没有上升到产业链、生态圈和公司级顶层战略设计的层面。

接下来，为了更好地理解战略的层次，根据"同字三点"原则，笔者把战略层级概括为"三级"：一级、二级、三级。

一、一级——公司级战略：决定企业发展方向

这里的公司级战略指的是企业的战略定位。真正的战略定位一定要高于品牌定位、产品定位等业务级别，要提升到产业的高度。真正的战略定位未必独树一帜，但一定要高瞻远瞩、切实可行且与时俱进，如此才有可能解决企业发展的方向问题。

到底什么是公司级战略？假如你想从济南去布达拉宫，红宫就是愿景，半个月内到达红宫就是目标。从济南到红宫画条直线，就是方向，这个方向就是公司级战略。

愿景是美好的，但道路是曲折的。我们不可能沿着这条直线直接过去，必须深刻地了解地面环境，选择可行路径，以一条或多条曲线到达目的地。我们选择的曲线路径，就是接下来要了解的经营级战略。

二、二级——经营级战略：决定企业竞争策略

经营级战略，也叫业务战略，就是具体走哪条曲线路径前往布达拉宫，评估好哪条曲线路径是最佳路径。

低成本：评估哪条曲线路径是最省金钱成本和机会成本的路径。

差异化：评估哪条曲线路径是少有人走的，最能体现探险精神或满足猎奇心理的路径。

集中化：评估哪条曲线路径是最快到达布达拉宫的路径。

以上这三条都属于经营级战略的选择，都是基于自己对目标的需求所选择的差异化路径，都是基干对公司级战略的分解，都属于执行层面的业务战略。不管哪一条都能到达目的地，只不过不同的战略带来的结果不同，带来的心理满足感不同而已。

除了经营级战略，还要有职能级战略保驾护航。那么，什么是职能级战略？

三、三级——职能级战略：保障业务战略落地

职能级战略侧重于运营战略，也可以理解成平台型战略。按照海尔的"倒三角"组织架构的逻辑，经营级战略相当于自主经营体，是直接落地公司战略的单元。职能级战略作为平台经营体，要为自主经营体提供战略配称也就是资源保障，给自

主经营体提供充足的"粮草"和"武器弹药",以保障自主经营体目标的实现,从而保障公司级战略的落地。

承接去布达拉宫的案例,为了保障目标的实现,要提供好人员、交通工具、装备、费用等相关后勤保障,另外就是时时地跟他们互动,了解他们的位置和动态。

那么,具体到企业实际经营环境中,就是要为经营级战略的实施提供"研、产、销"和"人、财、物"的保障。前者属于"运营支持型"战略,后者属于"资源保障型"战略。

以上就是"三级"战略:一级公司战略、二级经营战略、三级职能战略。

战略要想落地,就必须同步把三级战略布局好并配上相应的组织和人才,否则战略就成了"空想",成了企业家自己意淫的梦幻蓝图。无关 CEO 和员工的脑袋和口袋的战略都是"空想",都是无法落地的,只有把各个业务单元以及运营配称都整合起来的战略定位才能真正落地。

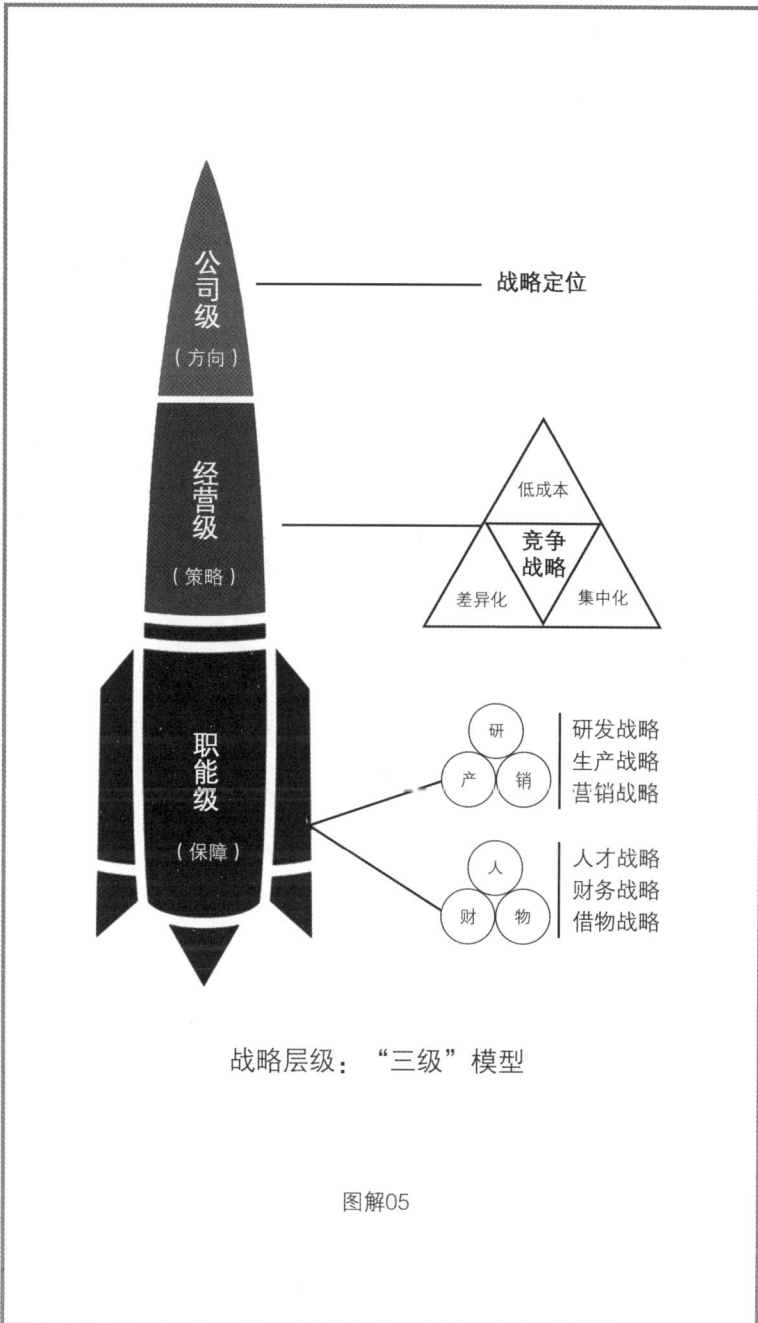

战略定位

公司级
（方向）

经营级
（策略）

职能级
（保障）

低成本

竞争
战略

差异化　　集中化

研
产　销

研发战略
生产战略
营销战略

人
财　物

人才战略
财务战略
借物战略

战略层级："三级"模型

图解05

奇点6. 战略执行——三化：实化、虚化、外化

为什么很多企业人员会把战略会议叫"务虚会"，就是因为战略本身给人的感觉是虚无缥缈的，似乎是很玄的东西，很高深的东西，是只有企业高层甚至是专业的战略学教授才能触碰的高高在上的东西。所以很多企业家也喜欢把它称为"顶层设计"。

表面上看，"战略"的确是少部分人的"游戏"，不是初出茅庐的职场"小白"就可以"上万言书"参与企业战略的。但是，战略在确定过程中或一旦确定下来，又着实需要这些"小白"或者"大白"们清楚明了，因为他们才是执行的主体，只有他们充分参与、了解明白，才能保障战略定位的落地实施，否则就是空中楼阁，或者是挂在老板办公室里的宏伟蓝图。这是战略管理中很重要的板块叫"战略执行"。

具体该如何落地执行？根据"同字三点"原则，笔者把战略执行总结成"三化"：实化、虚化和外化。

一、实化——战略产品化

再高深的企业战略最终也一定是通过产品或服务来让用户感受到企业存在的独特价值的。所以，战略定位落地的第一个源点就是把战略"实化"，也就是"战略产品化"。

"战略产品化"指的是当前的产品战略一定要跟企业的战略定位保持方向的高度一致，聚焦战略方向，承接战略规划的落地。不在战略方向内的原有产品要逐步淘汰，保证主要的策划和研发精力回归到战略方向以内，聚焦战略核心业务。待开发的新产品要坚决保证不偏离战略方向，要跟战略核心业务主线保持一致，要经得住诱惑，耐得住寂寞。哪怕是眼看着就要

到嘴的肥肉，也不能动摇。否则就会成为战略流浪汉，找不到战略的真正方向。

二、虚化——战略品牌化

战略定位落地的第二个源点就是把战略"虚化"，也就是"战略品牌化"。品牌是一个企业的"无形"资产，是企业的虚拟价值。企业的使命和愿景最终就浓缩为一个符号，这个符号即品牌价值。所以，战略执行的核心任务就是打造品牌，所有的战略配称都是"锤子"，品牌（定位）就是"钉子"。企业要集中一切力量万众一心砸"钉子"。品牌打造成功了，战略也就实现了。

虽然品牌价值是虚化的，但是打造品牌、推广品牌的工作却是具体可感的。这样就把看似虚无缥缈的战略分解成了具体的品牌定位落地的任务和动作。拆解成了"小白"和"大白"都能理解和执行的实实在在的具体目标。

三、外化——战略商模化

"外化"指的是企业的"战略商模化"。商业模式就是为用户创造价值、传递价值并实现企业价值的内在逻辑，也是企业的外部"机制"，是能够充分调动所有"利益相关者"的游戏规则。

战略定位就是为用户提供独一无二的独特价值。企业与用户之间的价值转换过程就是"战略商模化"。

"商模"就是整合了产品和服务以及品牌资源在内的系统。"商模"通过打造一套成熟的业务系统，实现企业与用户之间的无缝连接；通过设计嵌套独特的游戏规则，使"利益相关者"在企业战略范围内实现共生、共存、共赢。在为用户提供价值的同时，实现了企业的独特价值——战略定位。要避免战略成为空中楼阁，就要虚实结合，就要把战略执行：产品化、品牌化和商模化。

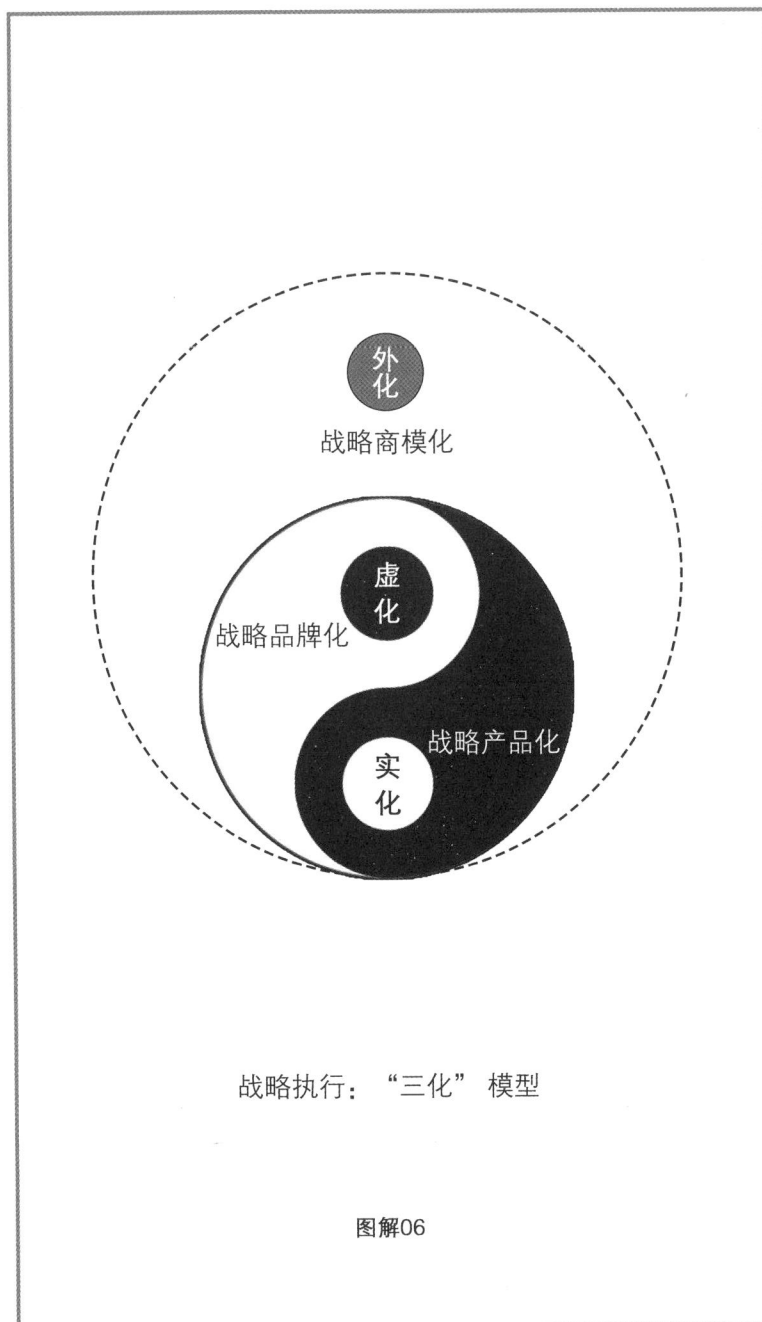

外化

战略商模化

虚化

战略品牌化

战略产品化

实化

战略执行："三化"模型

图解06

奇点 7. 战略配称——三力：人力、能力、学力

电影《天下无贼》中黎叔（葛优饰演）说了一个金句："二十一世纪什么最贵？人才！"笔者认为无论什么时代，最贵的都应该是人才。

尤其在这个激烈竞争的时代，要想不被淘汰，只能创新变革、战略转型，但是这一切的核心，其实都是人才。人是这个世界上最伟大的存在，无论是"大智云移物"的今天，还是"奇点临近"的明天，没有了人，都将没有存在的意义和价值。所以，只有充满感情的人类存在，生活才能多姿多彩，所有的商业才能延续它的故事和传奇。

人是一切商业活动的纽带，人在商业中的价值远非冰冷的系统所能替代！

无论是战略驱动、商模驱动还是创新驱动，归根结底都是人才驱动。

那么如何落地人才战略？如何培养和打造企业的人才队伍？

根据"同字三点"原则，笔者把战略配称的核心要素，归纳为"三力"：人力、能力、学力。

一、人力——人才地图：英雄排座次

企业首先要根据战略方向以及战略规划，做好战略人力资源规划，即做好战略人才储备和布局，画出企业的"人才地图"——企业英雄谱。其次，明确哪个板块需要哪方面的人才，定好标准，留好座次，虚位以待！

"排兵布阵"是战略家的第二必修课。如何排兵布阵，主要是根据战略执行的模块切分来部署。任正非说：人才不是华为的核心竞争力，人才的管理体系才是华为的核心竞争力。所以，竞争力打造的焦点不是某一个人，而是人才团队的整个管理体系。正所谓："兵不在多，在于调遣。"

有了独当一面的人才，再匹配上相应的资源，战略就有了能够落地的充分条件，否则就会搁置，也相当于没有决策，没有配称，那么战略就会变成空中楼阁。

二、能力——能力地图：十八般武艺

根据"彼得原理"可知，人在一个新的岗位上往往是不胜任的，都需要经过一段时间的学习和锻炼。那么，对于在岗的人员，企业就要确定岗位模式——建模，即构建"能力地图"，明确此岗位需要具备什么能力，达到什么标准。十八般武艺到底需要哪一般？

明确了模型之后，在岗的"人力"就应该根据这个位置的岗位要求，通过自学、培训、实践等多种方式，练就自己的本领，缩小自己与本岗位标准的差距，以期更早地胜任本岗位的要求。"人力"+"能力"=人才。

三、学力——学习地图：招式和心法

"学历"不等于"学力"。进入"企业大学"，才是真正的学习的开始。明确了具体应该学哪门武艺之后，就开始学招式和心法——学习地图，即武功秘籍。

招式就是理论，这个无须在经验中学习，也不需要在实践中边做边学，只要跟着师傅或者对着武功秘籍上的招式反复练习就能熟悉。学会以后，就可以用于演武场的花式表演，但具体能不能对敌，要看遇到的对手的具体情况。如果遇到的是同样一个刚出道的对手，只会招式，也能按照套路出牌的人，那就足以一较高下。但是如果遇到的是一个江湖高手，就是无招胜有招，手中无剑心中有剑的人，那就栽了。所以，除了招式还需要心法，即内功。用内功来催动的招式会威力无穷。这个除了奇遇，还需要悟性。金庸武侠中男主武功精进的套路一般都是山谷奇遇，获得高人前辈留下的武功秘籍，再加上自己的悟性，短时间内就功力大增。士别三日当刮目相看，再出江湖，即打遍天下无敌手。

以上就是战略配称的"三力"模型，也可以叫"三图"模式：人才地图、能力地图、学习地图。任何企业要想长足发展，都必须培养好这三种力，画好这三张图。

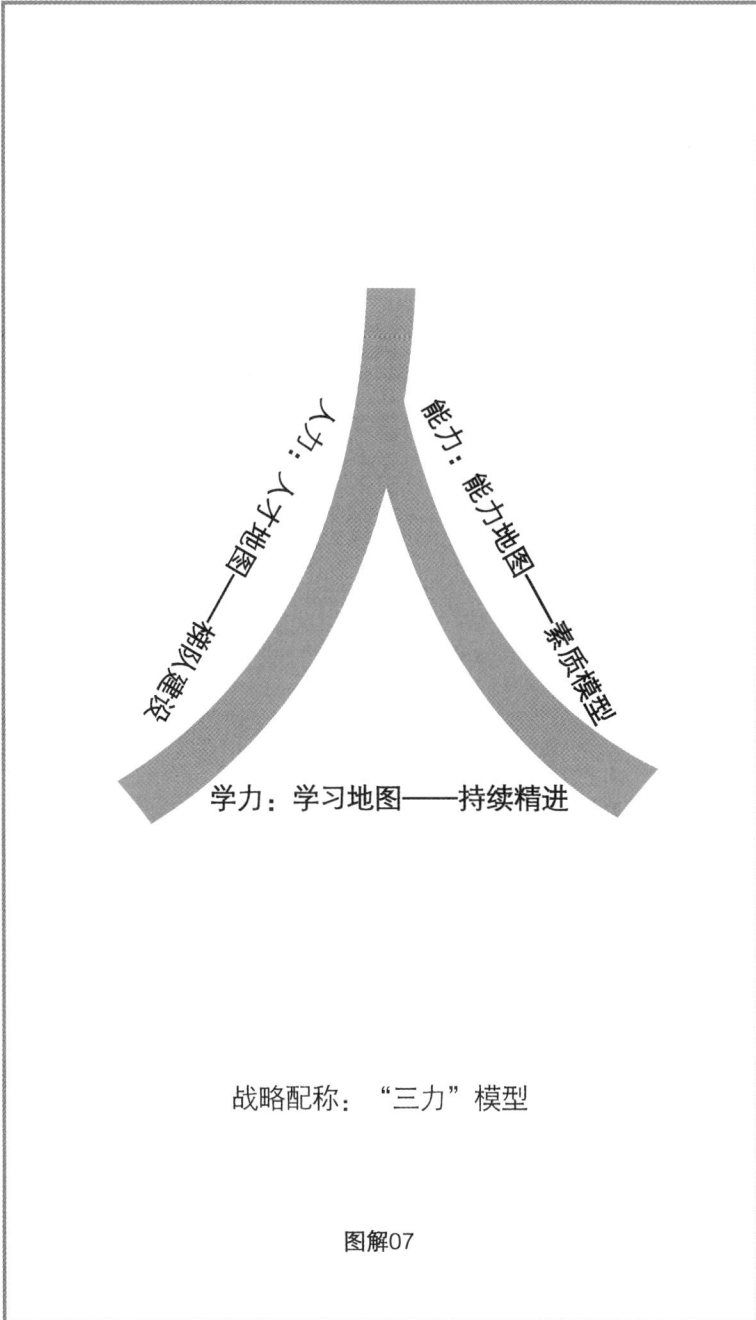

能力：能力地图——素质模型

学力：学习地图——持续精进

潜力：人才地图——招聘赋能

人才：

战略配称："三力"模型

图解07

第二部分　商业模式篇

深度

宽度

高度

变量

增量

存量

创利

创收

创富

三量

三度

三维

一维

二维

三维

商业
模式

三合

三从

三明

三资

三本

三集

一事

二事

三事

查本

品牌

营销

商模高手是怎样"炼"成的

"冰山"原理

据调查显示，在创业企业中，因为战略原因而失败的只有 23%，因为执行原因而夭折的也只不过是 28%，但因为没有正确的商业模式而走上绝路的却高达 49%。因此一个好的商业模式是企业成功的一半！

管理大师彼得·德鲁克说：当今企业之间的竞争，不是产品之间的竞争，而是商业模式之间的竞争。

既然商业模式这么重要，那商业模式到底是什么？

商业模式的概念，最早出现于 1950 年，20 世纪 90 年代以后才逐渐在国内流行开来。据说它的来源是，1997 年 10 月，亚信总裁田溯宁到美国去融资，美国著名投资商罗伯森问田溯宁："亚信的商业模式是什么？"田溯宁听了一头雾水。罗伯森说："一块钱通过你的公司绕了一圈，变成一块一，商业模式是指这一毛钱在什么地方增加的。"也就是说，<u>一毛钱增加的内在逻辑就是商业模式</u>。

这一定义偏重于企业赚钱的过程，而忽视了为客户创造价值。

不同学者的研究角度不同，对商业模式的看法也不同。目前，学术界对商业模式的定义还没有达成共识。

国外的学者亚历山大·奥斯特瓦德（Alexander Osterwalder）和伊夫·皮尼厄（Yves Pigneur）认为：<u>"商业模式是企业如何创造价值、传递价值和获取价值的原理。"</u>

亚历山大·奥斯特瓦德还发明了"商模画布"，包括价值主张、目标客户、分销渠道、客户关系、赢利模式、核心竞争力、资源配置、合作伙伴、成本结构。也称为"九要素"模型。

2009 年，魏炜、朱武祥两位教授出版了《发现商业模式》一书，恰如当年的哥伦布，将一块新大陆展现在管理学界面前。两位教授提出了商业模式是"利益相关者的交易结构"，明确了商业模式构成的六大要素，即定位、业务系统、赢利模式、关键资源能力、现金流结构、企业价值。也称"魏朱六要素模型"。

北京大学汇丰商学院管理学副教授、商业模式研究中心副主任戴天宇博士认为："商业模式是价值环节的生态组合。商业模式是包含价值、需求、交换、赢利模式和商业位势在内的价值环节的生态组合。"

人们对于商业模式的认知还处于不断探索和迭代的过程中，已经形成的认知包括模式论、赢利论、要素论、结构论、价值论、基因论、金融论等。已经逐步从盲人摸象的海平面以上的冰山一角探索到了包括海平面以下的整个冰山雏形，并逐步还原了商业模式的本来面目。从局部到整体，再到微观，已经基本建立了整个商业模式的基本模型。

了解了"商业模式"的定义和认知过程，对商业模式有了一个基本的了解，但是要想真正理解商业模式的内涵，还需要深入剖析一下。

"商业模式"一词包含了两个部分：一个是"商业"，一个是"模式"。

人们在解决某类问题时，要归纳、提炼出其问题要素及其核心结构，归结到理论的高度，并用其中发挥核心作用的要素或要素的组合予以称谓，就成了以某一要素或者某些要素组合为代名词的模式。

模式是在某一个情境下的问题（客户价值）整体解决方案，如果问题的环境相似，那么对问题的解决方案就可以重复应用。可以重复应用就是模式存在的理由和价值。

所谓"模式"，简单理解，就是结构。结构之道，就是商业元素的重新分化与组合之道。

了解了"模式"的内涵之后，我们再把"商业"和"模式"放在一起了解一下。

<u>商业，简单理解就是钱物交换</u>。具体指以货币为媒介进行交换，从而实现商品流通的经济活动。

<u>模式，简单理解就是解决方案</u>。具体指客户价值的整体解决方案。

综上所述，<u>商业模式就是企业为客户提供价值的包含经营逻辑和基因结构的整体解决方案，是企业赚钱的自运行的游戏规则</u>。

这个定义包含了两个方面：<u>一个是解决方案，一个是赢利模式</u>。

它的作用就是企业通过建立一个共赢的平台或者一种利他的机制让所有的利益相关者自动自发地为用户创造价值、传递价值，并源源不断地获取利润。比如：阿里平台商业模式，让天下没有难做的生意，让天下没有买不到的商品，大大地提高了商品的销量，也降低了用户购买商品的成本。在这个过程中，阿里也源源不断地获取了利润，这就是比较理想的商业模式。

了解了商业模式的概念和作用，那我们应该如何设计企业的商业模式？应该遵循什么样的方法论？这是成为商模高手的核心能力。

商业模式是比战略更玄的东西，很多"降维打击"和"跨界打劫"的公司都是因为颠覆了传统的商业模式，才让很多实体企业看不懂、看不起，从而跟不上。看似很多根本不着边儿的公司竟然有一天成了站在你面前的庞然大物，而你还搞不懂它怎么就成了你的竞争对手，且来势汹汹！这幕后的推手就是商业模式。所以，我根据商业模式的特性和神秘色彩，在参考了汪寿阳教授等撰写的论文《基于知识管理的商业模式冰山理论》之后，找到了成为商模高手的方法论模型——"冰山"原理。

通过对商业模式研究成果的学习可知，国内外的众多学者更多的是对商业模式的组成要素进行了较为深入的研究，但在全球化背景下，企业的外部环境越来越复杂，商业模式受外部环境的影响也随之发生了变化。另外，每个企业自身的情况不同，如果企业只是按部就班地套用学者的理论模型来分析和设计商业模式，那么，最终也只能是照猫画虎。因为，这些知识都只是显性知识，是处于冰山海平面以上的部分，是大部分企业都能学到和看到的。但是，成功的商业模式之所以难以复制，就是因为它隐藏在海平面以下的隐性知识你看不到。看不到、看不懂就学不到精髓，自然也就无法复制。

那什么是商业模式的"冰山"原理？"冰山"原理如何解决这个问题？如何能够打造出适合本企业的差异化商业模式？

"冰山理论"产生于心理学领域，弗洛伊德在《自我与本我》里将人格定义为冰山，自我意识层面和无意识层面分别为冰山的水上部分和水下部分。其中，水下部分的人格特质才是个体发展与行为表现的决定力量。从知识管理的角度，迈克尔·波兰尼（Michael Polanyi）在《人的研究》中将知识分为显性知识和隐性知识两大类：显性知识是人类能以符号系统（如语言）完整表达的知识；隐性知识是个人的、受特定情境限制的、能够感知却无以言表的知识。深圳大学传播学院院长、博士生导师巢乃鹏教授的博士论文《知识管理——概念，特性的分析》研究表明，人类知识的五分之一是显性知识，剩余五分之四是隐性知识。显性知识和隐性知识共同构成了人类知识体系的冰山。通过上述的研究可以看出，冰山理论将复杂事物分为显性知识和隐性知识两部分。

商业模式就是一个复杂系统，包含易于分析的显性知识和难以分析的隐性知识，正如冰山水下部分（隐性知识）的体积远远大于水上部分（显性知识）。同一组织，在不同维度（如时间、空间）中，表现出的商业模式不同，当其中的某一维度（构成因素）发生改变时，其商业模式也会随之发生变化。因此，商业模式"冰山"原理认为，商业模式的显性知识，可以通过"商模画布""魏朱模型"等工具进行研究；商业模式的隐性知识就需要使用新的研究方法进行研究。商业模式的隐性知识包括经营逻辑、基因结构、游戏规则三大要素。

不同企业用"商模画布"或"魏朱模型"进行分析可能得到相似的结论，这些企业受区域差异、制度差异、营商环境、企业文化等影响，有的企业成功了，有的企业却失败了。这说明对企业进行商业模式分析需要进一步挖掘隐性知识，将显性知识和隐性知识相结合才能得出更加科学合理的结论。

对商业模式的三大要素进行分析之后，将分析结果与显性商业模式的分析结果进行合成，从而得到更为完整的商业模式思考框架。这也证明了一个观点，商业模式的竞争，前提是思维模式的竞争。

"冰山"原理是以集成思想为基础，综合影响企业商业模式内外的多种因素，既要分析显性的因素，也要深入结合企业自身的隐性环境，并个性化地执行和落地。

一、经营逻辑——行业属性

经营逻辑是行业属性，每个行业的经营逻辑不同，要因地制宜，不能直接照搬照抄。行业类别对商业模式有着重要的影响作用。研究表明，来自不同国家的相同行业赢利能力并不存在显著关联，因此，跨国企业在进入新市场时，在原来市场获得的行业经验并不代表在新市场发展中能取得成功。这个给我们的启示是，相同行业在不同国家赢利能力都有很大差异。那是不是在条件差别比较大的省份和地区也会有差别，尤其是在幅员辽阔的中国？由于文化环境、营商环境可能存在很大差别，所以，不同行业类别，经营逻辑差别就可能很大，就更应该审慎地分析，到底商业模式理论的移植是否会遇到水土不服的情况。由此也延伸到产业结构和企业等级的维度分析。你的产业是"一维产业"、"二维产业"还是"三维产业"？产业不同，经营逻辑也可能不同。你的企业是"一等企业"、"二等企业"还是"三等企业"？等级不同，经营逻辑也可能不同。

既然每个产业和行业都可能千差万别，那有没有本质的逻辑可以借鉴和把握呢？楼新平老师在《投行思维》一书中，用一句非常经典的话概括了经营逻辑的本质："所有商业形态最终是金融运作，所有成功模式最终是读懂人性。"

二、基因结构——企业属性

任何企业，都有一个或者几个关系企业生死的关键要素，这些要素称为"命门"，它既是企业的成功之门，也是企业的死亡之门。这个"命门"就是企业的基因。

"七维商业模式"理论的创立者栗学思老师认为："商业模式是企业创造价值的内在逻辑及其整体解决方案的基因结构，是企业为客户创造价值的差异化样本。企业创造价值的内在逻辑与整体解决方案，在忽略掉细节因素后，提炼出创造价值的必备基因及其核心结构，归结到理论的高度，就是企业的商业模式。"

"企业创造价值的内在逻辑与整体解决方案包括客户—价值需求、产品—价值载体、运营—价值创造、渠道—价值传递、经营者—价值选择、管理机制—价值驱动、竞争壁垒—价值保护等七大基因。这七大基因相互影响、相互依赖，共同形成企业创造价值的内在逻辑和完整的价值创造系统。"

既然叫基因，就意味着具有唯一性，这个唯一性才是商业模式差异化的核心要素，也就是企业的核心竞争能力。一般来讲，这七大基因要素，都具备竞争优势不太可能，所以这七个基因要素并非平起平坐，等量齐观。那些在商业模式创造价值过程中占有绝对优势或者成为商业模式突出特征的基因，就往往成了本企业商业模式的代名词。例如：美国戴尔公司的直销模式就是渠道基因占据了主导地位；韩都衣舍的品牌平台模式，就是"三人小组"的管理机制基因占据了主导地位。

企业的基因，要么是创始人的博大胸怀，要么是洞察趋势、把握机会的预判能力，要么是企业开放的平台格局，要么是企业独特的具有吸引力的激励机制，要么是企业差异化的业务系统，要么是企业的独特文化，要么是企业的独特定位，等等。反正这些隐性的特征必须是企业独有的，是能够形成核心竞争力，能够建立行业竞争壁垒的护城河系统。

商业模式制胜的关键，不在于企业当下是否拥有资源和能力，而在于企业创始人是否具有"利他"的胸怀和格局；不在于企业所处的产业环境和竞争环境，而在于企业是否具有洞察商机和把握机遇的能力；不在于企业是否拥有健全的组织和管理职能，而在于企业是否有清晰的战略定位，能否构建一套完整的价值创造系统；不在于企业当前是否赢利，而在于企业能否建立一套充满活力的激励机制，让每个利益相关者都对未来充满希望。

企业商业模式的基因结构就是企业核心竞争优势的组合之道。

三、游戏规则——管理机制

"天下熙熙皆为利来，天下攘攘皆为利往。"这就是人性。赚钱是企业的天职。商业模式就是企业赚钱的活的游戏规则，这个游戏规则就是上面讲的七大基因里面的"管理机制"。管理机制就是利益相关者的利益分配规则。因为它是价值的驱动力，没有它，创造价值和传递价值的路径就走不通，它是为客户创造价值的根本动力。

再回顾一下，罗伯森对田溯宁讲的商业模式的定义："一毛钱增加的内在逻辑。"这一定义偏重于企业赚钱的过程，是典型的"赢利论"观点，虽然片面，但是"赢利"确实是商业模式的重要元素，甚至是核心元素。要么是当下赚钱，要么是未来能赚钱。反正，无论如何都要在业务系统中嵌入赚钱的机制，否则就是没有"钱途"的模式，这也是很多互联网创业公司前期大量"圈粉"，后期找不到"变现"途径而纷纷关门大吉的原因。

"有地图者不迷路，有模式者不盲目！"掌握了商业模式的显性知识和隐性知识，综合运用商业模式的"冰山"原理，宏观上理论嵌套，微观上寻找差异，才能成为一个真正的商模高手。

图谱二：商模顶层设计"冰山"原理

两大分析工具："魏朱模型"和"商模画布"

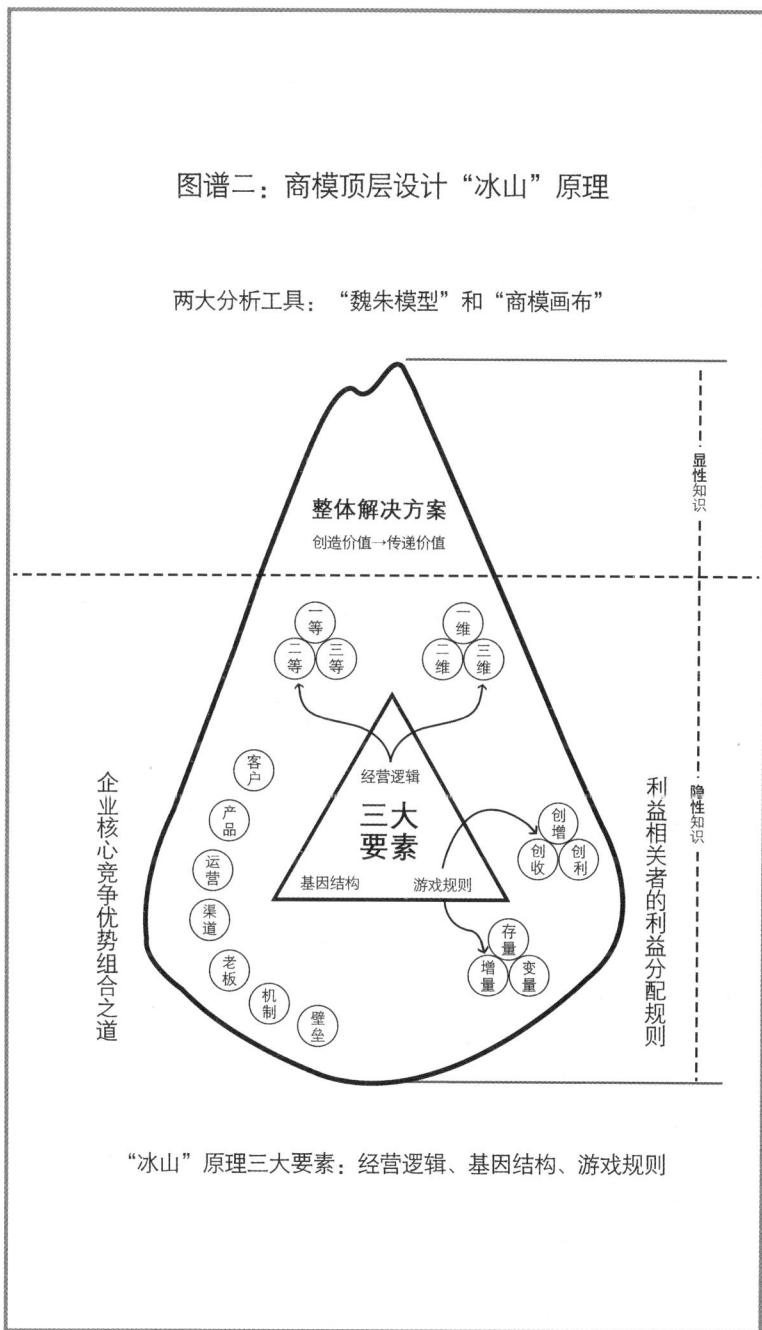

整体解决方案

创造价值→传递价值

企业核心竞争优势组合之道

利益相关者的利益分配规则

显性知识

隐性知识

一等　二等　三等

一维　二维　三维

客户　产品　运营　渠道　老板　机制　壁垒

经营逻辑

三大要素

基因结构　游戏规则

创增　创收　创利

存量　增量　变量

"冰山"原理三大要素：经营逻辑、基因结构、游戏规则

奇点 1. 思维模式——三度：高度、宽度、深度

当今企业之间的竞争，不是产品之间的竞争，而是商业模式之间的竞争。——又重复了管理大师彼得·德鲁克的这一观点，可见商业模式的重要性。

商业模式的竞争，前提是思维模式的竞争。思维不改变，就理解不了新的商业模式，也就看不清趋势，从而也无法接受，更不可能去变革。正如马云所说：很多人输就输在，对于新兴事物，看不见，看不起，看不懂，因而来不及。

"降维打击"的事情每天都在发生，"跨界打劫"的"血案"也比比皆是。现在早已经模糊了行业的界限，企业与企业之间的边界被不断地打破。使你覆灭的，可能根本不是你的直接竞争对手，而是你原本自以为从望远镜里都看不到的那颗突如其来的彗星。

商业模式的变革首先是思维模式的变革。根据"同字三点"原则，笔者把思维模式概括为"三度"：高度、宽度和深度，即"高宽深思维模式"。

全球化思维模式中的更高、更宽、更深，具体表现为三层递进的内在逻辑关系：高是发现能量、资源；宽是整合能量、资源；深是管理能量、资源。

新思维模式具体表述为三层递进的内容：

高是方向，是战略，是导向，是做乘法，是做差异；

宽是方式，是连接，是调度，是做加法，是做整合；

深是方法，是专注，是执行，是做减法，是做精品！

一、高度——方向：战略

高度决定眼界，有了高度就会居高临下，举重若轻，一览众山小。有了高度就能知道自己究竟要干什么，就十分清晰地知道外界的一切与自己究竟有什么关系。这就是战略，战略就是取舍。取舍就需要有一定高度，有了高度才能拨开云雾，看淡眼前的一切得失，才能把握住美好的未来。

境界决定格局，一个企业家只有把自己企业的发展同国家、民族的未来大业融为一体，融入时代潮流，才能超越自身的平凡，超越自身的小格局，才能把梦想的种子从花盆中移栽到肥沃的原野上，让它长成参天大树！

要达到一定高度，得从点上做起，因为生命有限，人生短暂，一生不可能干许多大事，只有将有限的资源聚焦到一块，才能把一件事做到极致。

当然要做好一件事还得有宽度，还得最大限度地整合外界资源，那样才能最终达到高度。

二、宽度——方式：连接

互联网首次把我们和全球联系起来了，今天我们无论干什么都存在更多的选择、更强的对手、更大的市场、更多的竞争，这些都要求我们的产品要更有价值，否则哪个地方都有，完全没必要与你发生业务关系。

全球化、信息化使我们个人的能力与社会整体能力的差距拉大。因此，无论你想干什么，首先要考虑的不是内因，而是外因，不是自己有多少资源，而是外面拥有多少你想要的资源，不需要埋头生产资源，只需要走出去连接、整合资源。

你的企业不是你的企业，而是时代的企业。现在已经不是单打独斗的时代，而是需要走出去，做加法，用你的高度去连接另一个或多个高度，去整合更多的利益相关者，你的企业才能成功，也才能建立宽度。

三、深度——方法：专注

光有宽度还不够，还要打造自己的核心竞争力，就是企业的主体——产品和服务，这是决定企业生死的头等大事，必须有人扎下来做深度。

深度就是聚焦，就是专注，就是把一厘米宽的产品，做一公里深。围绕战略做减法，做精做透。因为只有深度才能创造用户价值，有了用户价值，再通过宽度整合资源，疏开通路，把价值传递给用户，才能实现企业价值——高度（战略）。

形成了这个闭环，商业模式才有回路，也才有了生生不息、循环往复的优化精进。

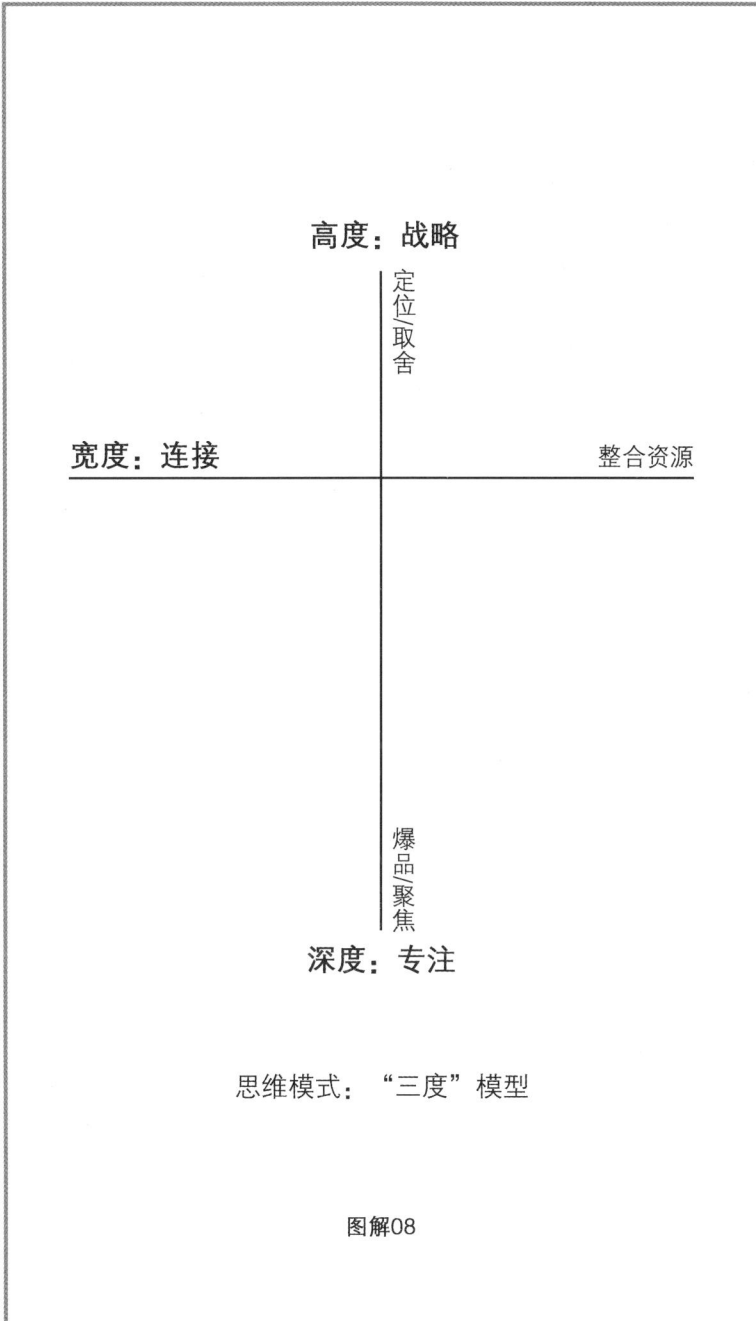

高度：战略

定位/取舍

宽度：连接　　　　　　　　　　　　　整合资源

爆品/聚焦

深度：专注

思维模式："三度"模型

图解08

奇点 2. 产业结构——三维：一维、二维、三维

商业模式的变革是随着产业结构的升级而不断升级的，产业结构升级的节奏就是商业模式变革的节奏。所以，在创新商业模式之前，首先应该了解产业结构的升级规律。

目前，全球都进入了经济一体化时代，工业发展也从过去的工业 1.0 升级到了现在的工业 4.0，随着经济的发展和新技术的突破带来了产业结构的变革升级。

目前，中国的产业结构分为三种：传统产业、互联网产业和智能科技产业。

传统产业的行业边界很清晰，我们称之为"一维产业"，也就是实体经济。

互联网产业是跨界产业，边界已经模糊，我们称之为"二维产业"，也就是网络经济。

新兴的智能高科技产业，人工智能未来可能会改变人类社会目前的格局，而不单单是产业变革，我们称之为"三维产业"，也就是生态经济。这里的"三维"是虚指，也可能是"多维"。

根据"同字三点"原则，笔者把产业结构归纳为"三维"：一维、二维和三维。

那么，这"三维"的产业结构从商模的角度如何升级，才能应对未来的竞争呢？

一、一维——传统企业

一维世界正在被推倒重建，即实体经济的转型升级。目前各个行业的传统企业都不可避免地受到了互联网企业的冲击，如图书行业，传统的流通渠道——实体书店大部分面临房租高、人工成本高、库存压力大、购书不方便等现实压力，而竞争不过线上电商平台纷纷倒闭。只有部分品牌企业能够杀出重围，变革转型，如中国台湾的诚品书店、号称"中国最美书店"的上海钟书阁等，它们改变了传统的书店功能，把书店变成了集阅读、休闲、交友、线下社群等为一体的城市"第三空间"。它们已经突破了传统书店"图书和读者"的"一维"视角，而演化成了"读者和读者、作者和读者、图书和读者"等"多维"的书店与多群体之间的连接关系，升级了传统的商业模式。

二、二维——平台企业

二维世界也已然被划分完毕，基本由 BAI（白度、阿里、腾讯）所掌控，当然还有后起之秀的 TMD（头条、美团、滴滴）。二维的世界就是要打破人与人之间的界限，消除传统一维行业的信息不对称，从而建立人与人之间的连接。无论是互联网、移动互联网还是物联网，核心都是连接。有了连接这个前提，接下来就要与用户发生"关系"并留存下数据，以便形成永久的连接，建立永久的服务与被服务的关系。这就是挖掘价值金矿，有了连接就从一次消费升级到了多次消费，从低频消费升级为高频消费，也因此创造了二维的赢利空间，变革了商业模式。

三、三维——生态企业

革命每天都在发生，因为三维世界目前正在逐步形成。高维挑战低维总有优势，"降维打击"和"跨界打劫"几乎是必胜的！所以，网店可以冲散实体店，但是它的对手也一定会在三维的智能领域诞生。真正的好戏还在后头！

生态企业是指以用户为核心，以多行业、多渠道、多产品为入口的融合商业模式。它们早已经跨越了行业的界限，挟用户以令诸侯，整合人工智能技术、高科技行业人才等核心资源，具备多维度的发展视角。它们不属于任何一个行业，却可以轻松进入，甚至覆盖任何行业。

未来，在很多领域，人工智能将达到或超越人的能力。这就是高科技智能生态企业的三维视角，它们把企业、用户和智能机器甚至虚拟世界融合到一起。真正的万物互联时代的来临，将是一种什么样的图景，随之又将匹配什么样的商业模式？

所以，不管是目前的一维、二维，乃至三维企业，如果不变革，不进行商业模式的创新，都将会沦为传统企业，都将被后来的更多维的新物种所颠覆和取代。

一维：传统企业
（单边）

一次购买，没有连接
商品经济，实体经济

（线下）现实世界

二维：平合企业
（双边）

多次购买，高频服务
数据留存，个性服务

（线下）现实（线上）虚拟

三维：生态企业
（多边）

万物互联，终生服务
智能服务，体验经济

（线上）虚拟 OMO（线下）现实

OMO：Online-Merge-Offline 线上与线下融合

产业结构："三维"模型

图解09

奇点 3. 企业等级——三等：一等、二等、三等

按照企业发展阶段和发展水平，一般把企业分三个等级：一等企业卖标准；二等企业卖品牌；三等企业卖产品。

一等企业卖标准。比如：麦当劳、肯德基卖的是一套快餐行业的运营标准；微软卖的是软件行业的技术标准；沃尔玛卖的是超市行业的成本标准。

二等企业卖品牌。比如：中国的华为、海尔、格力等。国家正在开展"国家品牌计划"，培养民族品牌，并且我们的华为等品牌已然成为世界品牌，民族的荣耀。

三等企业卖产品。产品质量尚可，没有形成品牌，也没有明显的差异化。中国大部分企业目前还属于卖产品阶段，要走的路还很长。

无论是哪一等企业都需要按照新的逻辑变革升级自己的商业模式。

根据"同字三点"原则，笔者把企业等级归纳为"三等"：一等、二等、三等。

一、一等企业——卖标准

能成为行业标准是一个企业优秀乃至卓越的标志，这意味着它能够主导这个行业，有制定游戏规则的权利。这就是商业模式变革的最高境界，即通过打破原有行业的不合理标准，制定新的标准，从而引发新的商业模式的变革。例如：滴滴和快的合并为"滴滴出行"之后，成了交通出行领域的主导者，也

因此制定了出行行业新的交易标准。原来是司机挑用户，现在变成了用户挑司机。这就是由标准变化而带来的传统出租车行业的颠覆。滴滴通过用户评价这种新型的平台商业模式建立了出租行业的服务标准和透明的收费标准。

二、二等企业——卖品牌

国内有很多企业，一直专注于自己的核心主业，通过产品品质树立了很好的口碑，而一举成为行业的翘楚，如华为、格力。华为的电信设备、华为的手机、华为的 5G 将引领全球互联网和人工智能的新一轮变革，已然成为影响世界的民族品牌。格力聚焦于空调领域，不断挖掘用户需求，不断拓展全球市场。只要战略专注，再抓住物联网发展的趋势，也将成为空调领域的民族品牌。

那么，这类企业如何进行商业模式变革？根据"微笑曲线"，控制价值链上的核心环节，如"美·邦模式""耐克模式"，把非核心环节外包给第三方，自己专注于核心技术的研发、品牌的打造和品质的管控，这将极大地降低成本，提高品牌溢价能力，降低经营风险。

三、三等企业——卖产品

最本质的满足用户需求的本体还是产品和服务，这个层次的竞争也更为激烈。很多没有品牌的企业因为没有溢价空间，所以只能在盈亏平衡点上下徘徊。随着人口红利的消失，国内人力成本逐步增加，低价竞争优势逐步消失，这类企业会越来越艰难。再随着"人口抚养比"的改变，再过 10 年，如果这类企业不升级技术，不变革新的商业模式，将会面临更大的竞争危机。

随着竞争的加剧，出现了很多平台化和生态化的公司，它们通过技术和资源把用户整合起来，把自己打造成一个平台，让众多生产商将其产品和服务放到它们的平台上来满足用户的需求，它们可以"挟用户以令诸侯"，如京东。京东自营的商品几乎都不是京东自己生产的，它生产的是平台品牌。京东打造自己的物流体系，解决了最后一公里的用户购物体验问题，实现了当日下单当日到达，解决了用户购买产品和服务的需求。所以，三等企业要迅速融入这种平台和生态企业，以增强自己的竞争力。

企业的出路唯有升级成平台，平台化的本质就是给更多人提供创造价值的机会，把自己变成一个价值创造的平台，否则就会被融入一个平台。未来所有的企业、组织都将平台化，个人都将创客化。

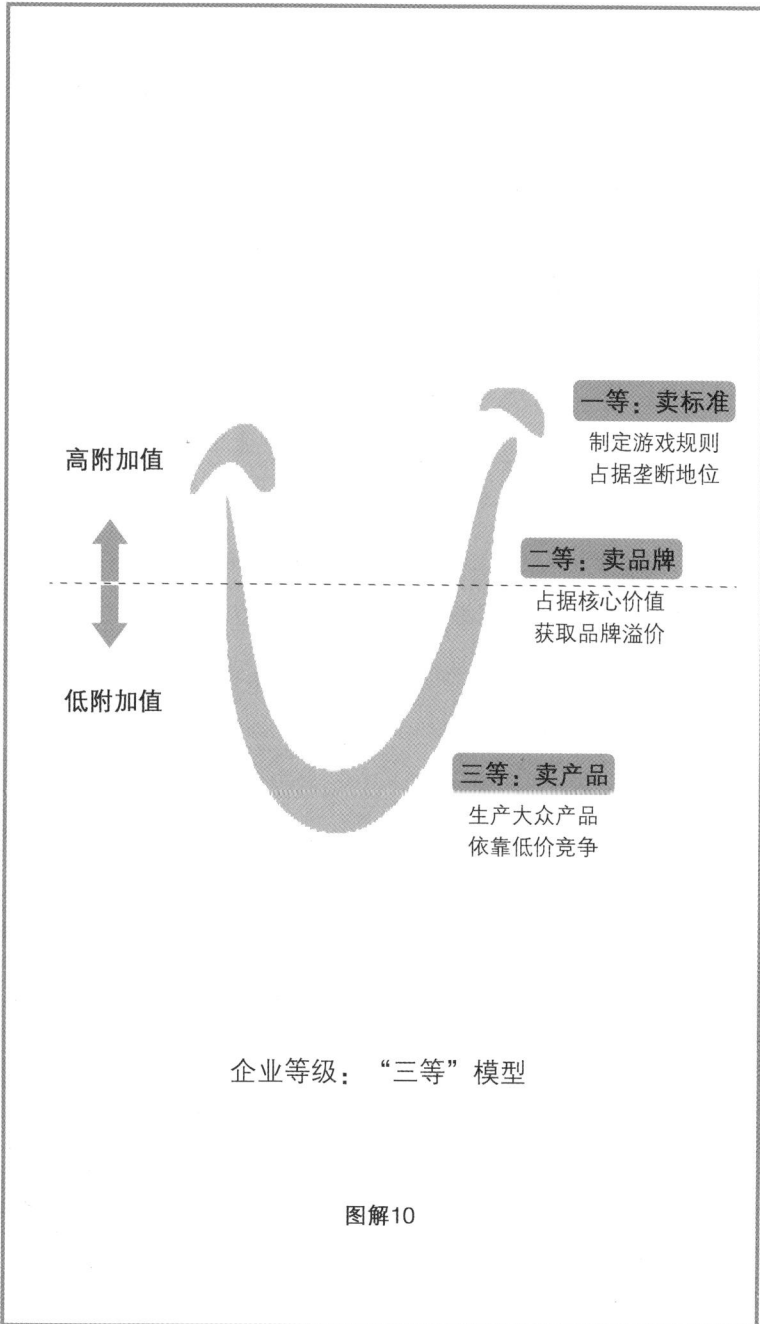

高附加值

低附加值

一等：卖标准
制定游戏规则
占据垄断地位

二等：卖品牌
占据核心价值
获取品牌溢价

三等：卖产品
生产大众产品
依靠低价竞争

企业等级："三等"模型

图解10

奇点 4. 企业竞争——三竞：竞争、竞合、竞享

有商业活动就会有竞争，蓝海市场只能在短时间内维系，红海是商业世界的常态，所以商业模式的根本活动就是研究竞争的活动。传统的企业竞争大多数是一种你死我活的零和博弈。21 世纪的竞争，涌现出了新的竞争模式，就是竞合。竞争可以是一种非零和博弈，可以在竞争中实现共赢。

根据"同字三点"原则，笔者把企业竞争的三个层次概括为"三竞"：竞争、竞合和竞享。

一、竞争——"你死我活"的争夺

竞争力是打造现代企业的核心要素。竞争力的提升，首先涉及竞争，"竞"就是追逐，"争"就是争夺。

处于领导地位的企业重在争夺，奉行"先拦海造田，再过河拆桥"策略。

处于跟随地位的企业重在追逐，采取"规模压制＋速度领先"策略。

竞争的目的大多是打败竞争对手，获取独占性利益。但是，打败竞争对手就真的赢了吗？事实上，即使通过管理创新、商业模式创新、营销创新等暂时领先，瞬息万变的市场竞争仍会消耗掉蓝海战略所形成的时间效力，因为新的竞争对手会继续跟进，行业将再次呈现红海态势。因此，选择怎样的博弈战略成为摆在企业发展面前的一个课题。

竞争是不同的个人或群体为了达到同一目标，按同一标准或规则与对方展开的竞赛与较量。竞争的规则是公平，道德和法律是我们在竞争中必须遵守的基本准则。

二、竞合——竞争中伴随着合作

合作竞争理论，源于对竞争对抗性本身固有的缺点和对当今复杂的经营环境的适应。企业经营活动是一种特殊的博弈，是一种可以实现双赢的非零和博弈。

著名的麦肯锡咨询公司提出，21世纪企业的新战略就是协作竞争，结盟取胜。竞争是大家抢一块蛋糕，而合作是一起做大一块蛋糕。以前，柯达和富士在全球范围内激烈对抗，分割传统胶片市场。当日本的数码军团从天而降时，两个冤家对头才明白，影像业的边界已经重新界定，他们都成了输家。这个事例告诉我们，脑子里只有竞争是危险的，鹬蚌相争，只会让渔翁得利。现在，越来越多的企业已经意识到这一点。西门子和波导这两个昔日拼得"你死我活"的对手，如今已经结盟。日本三洋与海尔、荷兰飞利浦和TCL、摩托罗拉与东方通信、IBM和联想都缔结了某种形式的战略联盟，走上竞合之路。

在这种环境下，企业竞争力的提升亟待突破"你死我活"的竞争藩篱，需要巧用合作博弈理念，善用合作创新理念，构建"共生、共存"的良性竞合机制，从而实现共赢。

当今是全球一体化的时代，没有联合能力，就不能适应时代潮流。在民营企业的国际化进程中，唱独角戏、当独行侠，难成大事。现在的国际市场，既有竞争，又有合作，这就是竞合时代。

三、竞享——在合力中获得成就感

竞享战略将是 21 世纪企业应对"降维打击"和"跨界打劫"的新的竞争模式。"竞享"的核心不是竞争，而是在合力中共享资源、同享成果。比如：资本市场的基金模式，同时有几个企业对在线教育感兴趣，也就意味着都想进入这个领域，传统的零和博弈就应该是都独自进入这个板块来抢蛋糕。竞享模式是所有想竞争这个板块的企业联合出资组成一个基金，然后由管理基金的企业来运作投资即可，所有的基金企业只需要坐享胜利的果实就好，当然也可能一起品尝失败的苦果。

这种合作是人们为了达到某一共同目标而相互配合、相互协作的一种活动。这种合作能积聚力量、启发思维、开阔视野，能培养同理心、利他心和奉献精神，又能提高抗风险能力。精诚合作会使大家共同分享成功的愉悦，互助互惠能让大家取得更大的胜利。

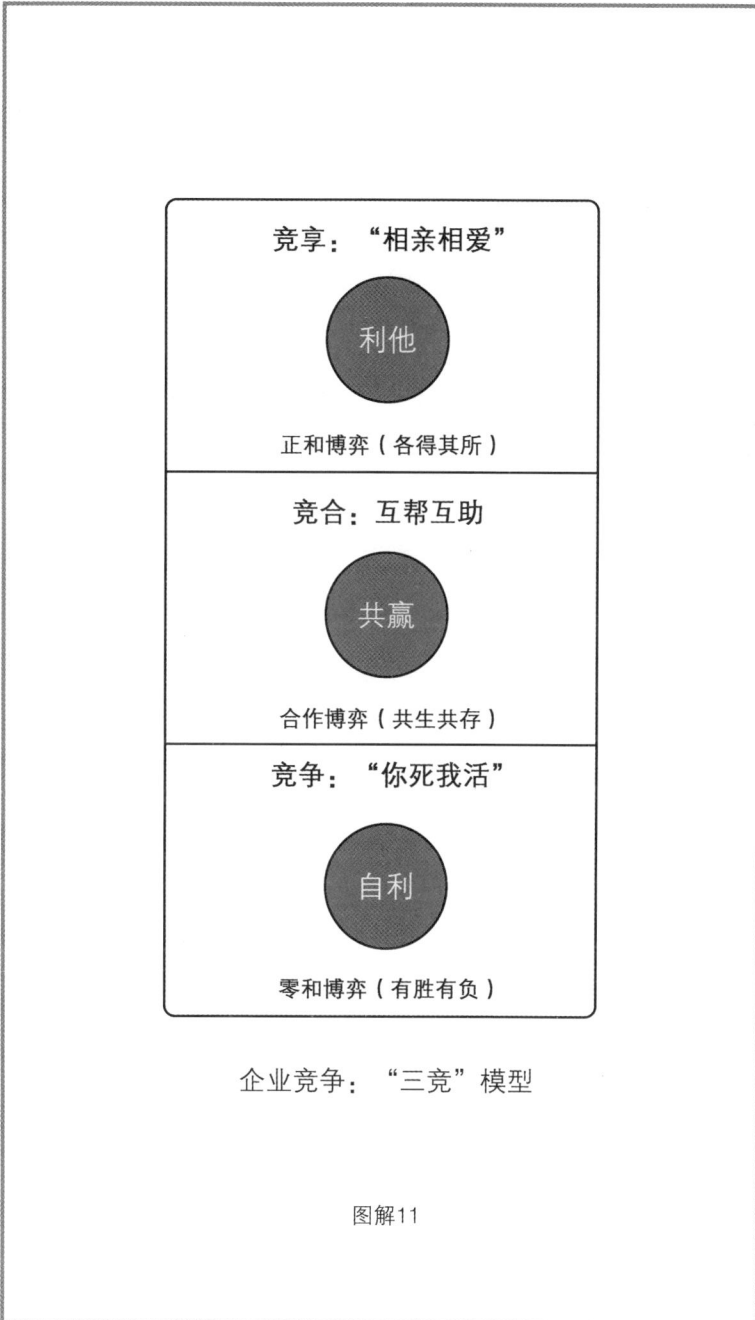

竞享："相亲相爱"

利他

正和博弈（各得其所）

竞合：互帮互助

共赢

合作博弈（共生共存）

竞争："你死我活"

自利

零和博弈（有胜有负）

企业竞争："三竞"模型

图解11

奇点 5. 业务变革——三道：原道、变道、换道

商业模式的核心是业务系统，这是"魏朱商业模型"里的核心板块。商业模式是连接客户价值和企业价值的桥梁。商业模式的竞争最终是业务系统的竞争，那么，业务系统的因时、因势而变就变得至关重要，可以说业务系统变革的成败决定着商业模式的成败。

巴菲特有个著名的"划船理论"：你上了哪一条船远比你划船划得多有效率更重要。当你碰到一艘总是会漏水的破船，与其不断白费力气地去补破洞，还不如把精力放在如何换条好船上。

红杉资本的投资理念与巴菲特的"划船理论"不谋而合，即"下注于赛道，而非赛手"，通过对行业趋势的前瞻性判断，选择最有前途的领域去投资，买下最好的"赛道"。

根据"同字三点"原则，笔者把业务系统的变革归纳为"三道"：原道、变道和换道。

一、原道——价值链优化

迈克尔·波特在《竞争优势》一书中指出，企业的"流入物"经过运作转换后形成"流出物"，之后是市场营销和销售，最后是顾客服务，再加上一系列支持行为，企业便完成了全部的价值行为。每个价值行为都是有可能产生增值的环节，它们相互联系，就构成了企业的"价值链"。

价值链优化就是在不改变原有价值链的前提下，利用乘法原理，假若每个环节都提升 1%，最后的价值转化就是一个神奇的数字。只要保证价值链每个环节上的持续竞争力，就能保证即使按"原道"前进，也能不被竞争对手赶上，如在高速上奔驰的汽车，只要在"原道"上保持规定的最高速度行驶，而你当前又是领先的，那么只要后面的司机不违规，他就很难超越你。

二、变道——产业链升级

产业链，包含了产业上下游之间从原料到销售及售后服务的一系列完整过程。"变道"，就如在高速上行驶的汽车，要想超过前面的汽车，只有"变道"，才能完成超车，这种"变道"就是产业链升级。在原赛道上，只有差异化路径，才能超越对手。

我们再结合美特斯·邦威（以下简称"美·邦"）的案例来理解一下产业链升级。美·邦是生产休闲服装的连锁品牌，美·邦分析休闲服装产业链中的关键环节不是原料、生产、分销、终端，而是品牌和设计。把握流行趋势，提前设计出流行的服装，引爆流行，制造时尚，设计是关键环节。而阻隔竞争对手，让产品卖得好卖得快的关键环节是品牌。所以，美·邦"变道"，改变了传统的"前店后厂"模式，只聚焦"微笑曲线"的核心价值环节，其他环节一律外包，所以，才能在激烈竞争中脱颖而出。

三、换道——生态链整合

无论是"原道"还是"变道"，都没有脱离原来的竞争链。在"降维打击"和"跨界打劫"已经不再是新闻的今天，部分行业与行业之间的界限逐渐模糊甚至消失。那么，企业的业务系统变革就不能只固守在原有的竞争链当中。

对于竞争，我们常说："人无我有，人有我优，人优我变，人变我快。"感觉自己无所不能，其实只是一厢情愿的想法。正确的做法应该是"人无我有，人有我无，你玩你的，我玩我的"。"换道"才是最高的战略指挥艺术。与其拥堵等待，不如"换道"而行。

业务系统就是为用户提供价值的网络，打通"三道"，才能更好地为用户提供价值，也才能更好地实现企业价值。

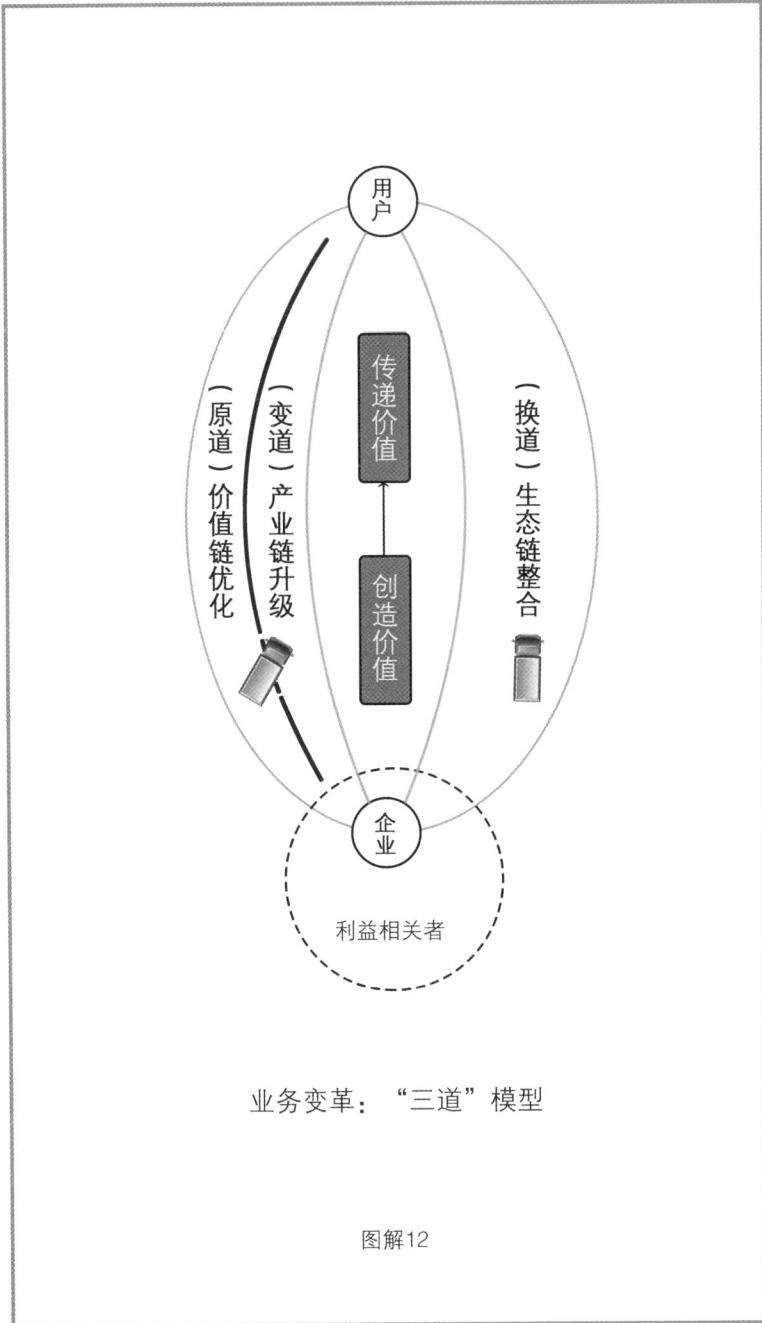

业务变革："三道"模型

图解12

奇点 6. 赢利模式——三创：创增、创收、创利

有人认为商业模式就是一种利润模式，这种观点更多地处于对商业模式研究的初级阶段，具有一定的片面性，但也具有一定的合理成分。因为商业模式的本质就是企业赚钱的活的游戏规则。

管理大师彼得·德鲁克说，企业的目的在于创造顾客，就是持续满足某一群人的需求，也就是要持续地为顾客创造价值，因为只有这样，才能源源不断地为企业创造利润。那么，企业要想创造利润就离不开创造增量、创造收入、创造新的利润来源。

根据"同字三点"原则，笔者把赢利模式归纳为"三创"：创增、创收和创利。

一、创增——创造增量

存量是一个企业生存的根本，但增量才是一个企业持续做大的动力。存量市场的竞争更加激烈，并且有天花板，是能够预期到的企业增长。想象空间不大，也就不会产生巨大的动力催动企业跨越式增长。只有拓展增量市场，才能为企业创收和创利提供源源不断的动力支持。

创造增量是企业首先要考虑的问题，那企业的增量到底从哪里来？

安索夫矩阵模型提供了四种增长策略：原产品、原市场的市场渗透策略；新产品、原市场的产品开发策略；原产品、新

市场的市场开发策略；新产品、新市场的多元化经营策略。这四种策略，就是创造增量的有效方式。

二、创收——开源节流

创收，指创造收入。创造收入传统的方法有两种：开源和节流。

开源指开拓收入来源，节流指尽可能减少不必要的支出，或少花钱多办事。

开源，一个是在有限空间内把存量做足；另一个就是要根据安索夫矩阵模型找到增量并做大增量。

节流，一方面要求企业通过提高效率、改进技术来降低成本；另一方面就要节约支出，讲求资金使用效益。

真正的富人都很懂得节省。如果你不去节省那些本可以省下来的钱，那你永远不会真正富裕起来。

开源节流这一思想最早由春秋时期思想家孔子提出，他认为治国之道在于安民，民贫则怨，民富则安。反观现在，物质生活丰富使得很多人逐渐意识不到开源节流的重要性了。钱赚得越来越多，能留在手里的却越来越少。节流不止是在个人财务危机的时候才需要，而要成为习惯，进而演化成为一种优秀的品质。

三、创利——赢利来源

互联网行业的"降维打击"逐步冲击着传统行业，也倒逼着传统行业必须创新赢利来源。为企业提供现金流来源的产品，人家可以一文不取免费赠送，这种"降维打击"试问哪个传统企业可以抵挡？哪个即便忠诚的铁粉可以拒绝？在看不懂、来不及反应的刹那间一个企业被打败了，在一个群体都看不懂、来不及反应的顷刻间一个行业就覆灭了。

这就需要企业"狡兔三窟"，不要把鸡蛋放在同一个篮子里。这里不是强调企业一定要多元化经营，而是要强调每个鸡蛋的赢利模式要所有不同。学会"借鸡生蛋"的资本扩张模式，设计"羊毛出在猪身上狗来买单"的第三方补贴模式。

最后，再回到赢利模式本身上来，赢利模式是企业赚钱的游戏规则。那么，赢利模式的核心就是要设计一套激励机制，让所有业务系统上的利益相关者自动自发地创造增量、创造收入、创新赢利来源，这样才能使价值链形成一个正循环，也才能更好地为用户提供产品和服务，也反过来能更好地体现企业的价值。

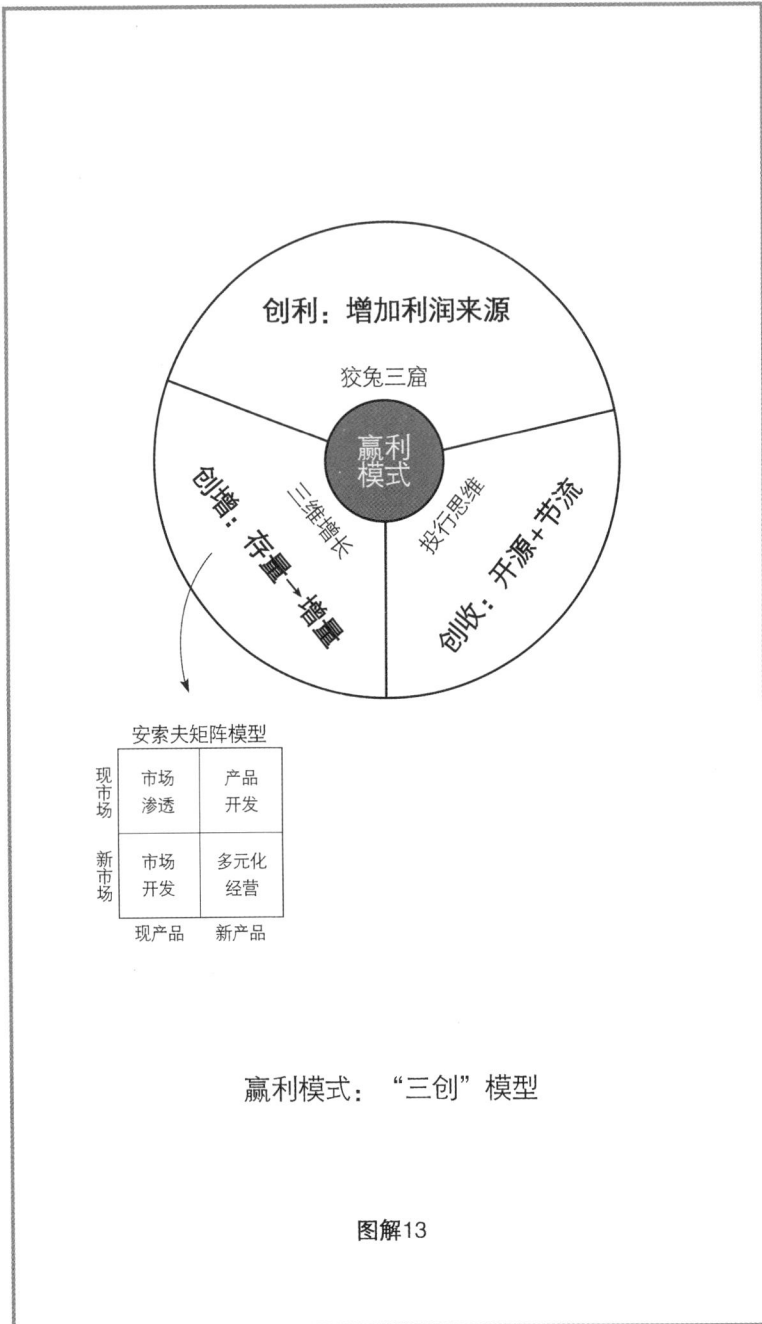

创利：增加利润来源

狡兔三窟

赢利
模式

三维增长

投行思维

创增：存量→增量

创收：开源+节流

安索夫矩阵模型

	现产品	新产品
现市场	市场渗透	产品开发
新市场	市场开发	多元化经营

赢利模式："三创"模型

图解13

奇点7. 增长模式——三量：存量、增量、变量

罗振宇在2019跨年演讲中推荐了一本书叫《变量：看见中国社会小趋势》，这本书的独特价值是，帮你洞察新的机会。在我们这个时代，生活中的微小变化，正在成为小趋势。这些小趋势，可能只发生在人口的1%当中，但是，其中却蕴含着巨大的机会，每一个小趋势都有可能孕育出下一个时代洪流。

所以，"变量"是每个企业除了原有的存量优势和增量能力要保持和拓展的第三种不可忽视的增长模式。

根据"同字三点"原则，笔者把增长模式概括为"三量"：存量、增量和变量。

一、存量——做优

存量市场是一个企业的根基，也是有相对竞争优势的板块。这个板块如果是企业的主航道，那就要聚焦企业的力量，不能偏离航向。做优存量，保证自己的核心竞争力得到不断的加强，从而保证在这个航道内的领先地位。

基于存量做壁垒，通过产品创新、品牌保护、专利技术等加高企业的城墙，挖深企业的护城河，规避竞争。一方面使竞争对手无法追赶，另一方面也从思想源头扼杀新的进入者来抢夺存量市场，从而稳固并扩大自己在存量市场的份额。

如果存量市场未来不是自己的主航道，只不过是企业生态布局中的一个点而已，那么，就要在点上做到卓越，如小米，把小米手机做到极致，积累了一定规模的用户之后，就围绕这个点做生态延展。

二、增量——做大

基于壁垒做延展，就是围绕自己的核心竞争力进行同心圆的相关多元化扩张，做大增量。从单一的点式突破延展为同心多元化的综合竞争优势。还是小米生态链的案例，小米公司基于小米手机做相关品类的智能家居的生态，就是一种延展，而且是裂变式延展，事实证明是成功的策略。其实，不单是小米，苹果也是一样。乔布斯重回苹果之后就把公司名称"苹果电脑"改成了"苹果公司"，也是想把手机、电脑等硬件设备作为一个入口，未来要做软件的生态系统。

三、变量——做快

变量指市场未来的变化趋势。企业要从变化的世界中找到自己的锚点。

微创新模式，可能是大多数人把握"变量"的靠谱选择。

何帆老师在《变量》一书中提到："除了极少数石破天惊的突破性技术外，大部分技术都是已有技术的'混搭'。"例如：福特不是最先发明汽车的，但是"流水线"技术，让福特一举成为行业佼佼者。

中国的创新，乃至世界上绝大部分创新，都是通过整合现有技术来满足用户需求，以及将廉价劳动力和流水线整合的模式。这种"穷人式"创新，成本低，见效快，是企业和个人更加靠谱的选择。

历史从来都是一个"反转大师"。在灰暗的背景下，不要忽视那些看似微弱的亮光。有些小趋势会在很久之后才真正发挥威力。有种刚刚萌芽的小趋势——重建社群，这种力量会逐渐修正、消除人性中的自私、偏见和戾气，营造一种更和谐的公共生活，给我们自己，也给我们的孩子营造一个更有希望的未来。仔细观察会发现，这股强大的力量就来自中国这棵大树生生不息的生命力。

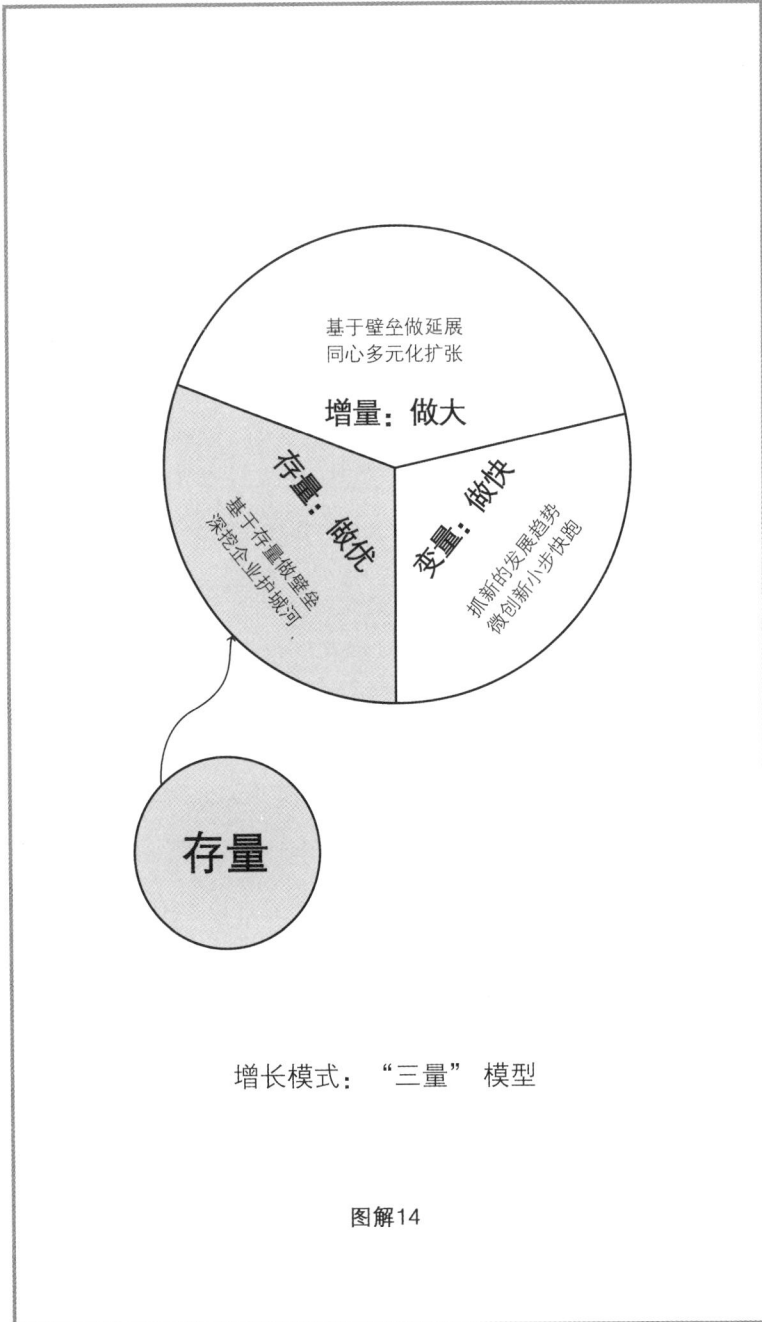

基于壁垒做延展
同心多元化扩张

增量：做大

存量：做优

变量：做快

基于存量做壁垒
深挖企业护城河

抓新的发展趋势
微创新小步快跑

存量

增长模式："三量"模型

图解14

第三部分 品牌管理篇

品牌高手是怎样"炼"成的

九宫格·点线面

但凡工作和商业沾点儿边的人可能都听说过一个关于可口可乐品牌的神奇故事，据说是可口可乐公司的传奇总裁罗伯特·伍德拉夫讲的。他说：即使可口可乐公司在一夜之间化为灰烬，仍然可以在很短的时间内凭借"可口可乐"这个金字招牌东山再起。

这个故事足以说明品牌的重要作用。

拥有工厂的人，即使是世界级的大工厂，也只能称为大厂长！拥有品牌的人，哪怕是区域级的小公司，也能称得上企业家！

既然品牌如此重要，那到底什么是品牌？

菲利普·科特勒在《营销管理》中这样定义："品牌是一种名称、术语、标记、符号或设计，或是它们的组合，用来辨认某个或某群销售者的产品或服务，使之与竞争对手的产品或服务区别开来。"

美国营销协会（AMA）是这样定义的："品牌就是用以识别一个或一群产品或劳务的名称、术语、象征、记号或设计及其组合，以和其他竞争者的产品或劳务相区别。"

定位理论之父艾·里斯先生对品牌的描述为："真正的品牌是在消费者心智中占据某个词或代表某个特定品类的名字或者符号。"

了解了品牌的内涵，不等于就学会了品牌打造的技能，任何一门技艺都需要刻意的修炼和练习。品牌高手又是怎样"炼"成的？

在此，根据品牌打造的逻辑，将打造品牌的方法论归纳为**"品牌九宫格"，具体包含九个大的部分：三个一 + 三个二 + 三个三。**每个大的部分又可以分成三个小的关键词，即要想打造一个成功品牌，要成为品牌高手，至少要学会"品牌九宫格"的方法论，即总体的九个部分和具体的三个点、三条线和三个面。

"品牌九宫格"之"三个一"：一个好名字 + 一句定位语 + 一个视觉锤

（一）一个好名字：品牌名 + 品类名

名字决定品牌生死。可以说是成也名字，败也名字。对于一个品牌来说，最重要的就是名字。一个好名字胜过 1000 万元广告费。

在短期内，一个品牌需要一个赖以生存的独特的品类概念或产品，但是在长期内，这种独特的品类概念或产品就会渐渐地失去魅力，取而代之的就是品牌名称，这个品牌名称就是你与竞争对手的品牌名称以及品牌名称之上附着的附加价值的区别。

一个好名字，由两个部分组成：一个是品牌名，另一个是品类名，这是一个成功品牌名不可缺少的组成部分。比如：可口可乐，虽然"可乐"已经成为碳酸饮料的代名词，但是在可口可乐品牌标识的下面还一直印着两个小字——"汽水"。因为"汽水"是它的品类名。

品类创新是实现"第一"品牌战略的核武器和终南捷径。推动品类的分化、简化与进化是首席品牌官的核心工作。通过"三聚"等营销手段推广品类，使一个品牌代表一个品类是首席品牌官奋斗的终极目标。

（二）一句定位语：你是什么＋你能干啥

一个精准的品牌定位，是实现"第一"和"唯一"的起点。一句精辟的定位传播口号，是传播定位、打造定位的有力武器。一句精辟的定位传播口号，胜过百万雄兵，可以直达消费者心灵深处，激发他们购买的欲望，直至占据用户心智，争做用户心智阶梯中的冠、亚军是品牌成功的标志。

给品牌定位一个简练的精准表达，传递给消费者一个明确的价值主张。明确告诉消费者，你是什么？你能干啥？这个能让消费者产生精准的品类联想和价值关联，产生直接的购买欲望。

传播焦点只有一个，瞄准一个目标，才能打中，在几个目标之间游离不定，结果只会全部打空。

例如："怕上火，喝王老吉"这句定位语，精准地把王老吉定位为"防上火的饮料"。"困了，累了，喝红牛"这句定位语，精准地把红牛定位为"功能饮料"，而且把功能饮料品类的核心价值精准地表达出来，抢占了品类先机。后面几乎所有的跟随性功能饮料品牌都原封不动地"山寨"了这句广告语。

（三）一个视觉锤：独特符号＋品牌关联

"品牌"一词来自古挪威语"brandr"，它的中文意思就是"烙印"。品牌为什么是烙印呢？在当时，西方游牧部落在马背上打上"烙印",用以区别不同部落之间的财产,上面隐约写着一句话:不许动,它是我的。这就是最初的品牌符号。现在的消费者每天要面对无数的广告和信息,与 10 年前相比,现在的一则品牌广告的效果已经被稀释了 10 万倍。

这是一个认知简化的时代。品牌符号化最大的贡献是:帮助消费者简化他们对品牌的判断,将品牌想表达的无数信息用一个符号来全部表达。消费者只要看到这个符号,就想到了该品牌,并联想到品牌背后的内涵。例如:"红五星"是一个时代的符号,她代表着革命,代表红军精神,代表一种使命。就像电视剧《上将洪学智》中演绎的那样:每一个革命军人都把帽子上的"红五星"看得比自己的生命还要宝贵,因为"红五星"代表革命的希望,这就是符号的力量。最终,中国共产党凭借着钢铁般的信念把五星红旗插上了天安门城楼,改变了中国,也影响了世界。

这个符号,我们也称作品牌视觉锤。我们可以通过形象、颜色等各种各样的符号,与消费者在符号层面上进行沟通,成就伟大的品牌。例如:天猫商城的"天猫"、京东商城的"京狗",当然,还有迪士尼的唐老鸭和米老鼠等,都是强大的视觉符号。

"品牌九宫格"之"三个二":两个特征 + 两个代表 + 两个逻辑

(一)品牌的两个特征:不做第一、就做唯一

"第一"和"唯一"是企业的核心竞争力,一个品牌如果做不到第一和唯一,就很难在竞争激烈的市场大潮中脱颖而出。"第一"和"唯一"是品牌最终的归宿。要么成功,要么毁灭!所以不做第一,就做唯一,是品牌的两个基本特征。

"第一"和"唯一"的品牌定位,除了要有"定量"的目标,即市场占有率达标之外,还要有"定性"的目标,即占据用户心智,在用户的心智阶梯中要排在"数一数二"的位置,也就是冠、亚军的位置。这样才能说,品牌定位形成了,"第一"和"唯一"的品牌战略实现了。

(二)品牌的两个代表:要么代表一个品类、要么代表一种特性

产品品类强调"第一",附加价值强调"唯一"。在"第一"和"唯一"的品牌概念的基础上,就诞生了品牌的"两个代表"理论:前期创建阶段代表一个品类,后期长寿阶段就要代表一种核心价值,即特性。要想创建百年品牌,在蓝海到红海的竞争过渡中一直领先,就要打造品牌的核心能力,只有具备核心能力的品牌,才是真正的品牌。这个核心能力就是:要么代表一个品类,要么代表一种特性。比如:格力代表"空调"品类,鲁花代表"花生油"品类;宝马代表汽车"驾驶"的特性,沃尔沃代表汽车"安全"的特性。

一个品牌的建设过程就是创新品类、打造品类、推广品类的过程,就是让品牌关联"品类",让用户认可产品的"品质",并使品牌代表一定"品位"的过程。这就是品牌建设的"三品"模型。

(三)品牌的两个逻辑:经典的逻辑、颠覆的逻辑

何佳讯老师在《品牌的逻辑》一书中,为我们阐述了打造品牌的两种逻辑,很值得当代的企业家思考,尤其是处于互联网转型期的企业家。

过去我们一刀切地按照经典教科书上的品牌方法论和逻辑来

打造品牌，现在却发现很多互联网公司的品牌根本就不是这么玩的。何老师的这本著作可以说是"及时雨"，尤其是给传统企业品牌转型带来了福音。何老师在书中针对传统的线下世界和数字技术主导的线上世界，分别归纳出了经典的逻辑和颠覆的逻辑。

从品牌的逻辑出发，整个商业战略有两大逻辑：有形资产取向和无形资产取向。有形资产强调的是销量和市场份额，是短期取向、战术主导、自下而上，以现实为基础的；而无形资产强调的是品牌附加值，是长期取向、战略意识、自上而下，以愿景为基础的。

品牌化的经典逻辑强调，建立品牌一定要遵循品牌导向，即有明确的规划和想法，把品牌做成什么样，强调一切成果都要在品牌主的控制之中。

品牌化的颠覆逻辑强调，今天，建立品牌的环境是开源的，企业无法控制一切；相反，在一个开源的空间中，消费者处于主导地位，企业根本无法预料消费者的想法，原因是消费者在社交媒体上可以畅所欲言，传播和分享关于品牌的想法和体验。所以对于企业来说，品牌控制管理变为品牌风险管理。

经典的逻辑产生于线下世界，而颠覆的逻辑产生于线上世界，是数字化技术催生的产物。经典的逻辑可以扩展到线上世界，颠覆的逻辑并不一定适用于线下世界，但无疑也影响和促进了线下世界逻辑的改变和创新。

如果是传统型的公司，从事的是线下的业务，就应该遵循经典的逻辑，扎扎实实进行品牌管理；如果是线下公司试图进行互联网转型，建议启用互联网思维，大胆采用颠覆的逻辑，重新布局品牌管理的整体思路；如果是线上业务的公司，则应该主要采用颠覆的逻辑，遵循线上世界的规律指导品牌实践，方能处于主流位置。

今天我们处于经典的逻辑和颠覆的逻辑并存的时代，应把经典的逻辑作为基本功，把颠覆的逻辑作为必修课。经典的逻辑仍然是指导线下世界品牌管理的基本理论，只有很好地理解了经典的逻辑，才能更深刻地明白颠覆的逻辑带来的超越和突破，才能领悟线上世界为何需要颠覆的逻辑。

"品牌九宫格"之"三个三"：三个部分＋三个利益＋三种力量

（一）品牌愿景的三个部分：品牌使命、品牌目标、品牌价值观

任何生物，都有无限扩张的欲望。自 1895 年澳大利亚从英国引进二十多只兔子起，兔子便展开了疯狂的繁殖。1928 年兔子数量达到了 40 亿只，澳大利亚只得动用军队和毒药，来消灭兔子。直到现在，这种人兔大战仍然在延续。

任何品牌，也有无限扩展的欲望。品牌的欲望是发自企业本能的企图心，即品牌愿景，品牌愿景也就是企业的初心。品牌愿景指引企业根据市场趋势调整产品、服务，以满足消费者未被满足的需求。品牌愿景能够告诉消费者、股东及利益相关者，企业和品牌将向何处去、如何到达？品牌愿景激励公司员工为了共同的使命、更远大的战略目标而奋斗！

那么品牌愿景是什么？品牌愿景是指一个品牌为自己确定的未来蓝图和终极目标，向人们明确地告知品牌今天代表什么，明天代表什么。它主要由品牌使命、品牌目标和品牌价值观构成。*比如：苹果公司的愿景是改变世界；亚马逊网上书店的愿景是让消费者在家就能享受到图书馆的服务。*

那品牌使命、品牌目标和品牌价值观又分别代表着什么？

品牌使命，是指品牌在公司内部或公司品牌组合中，存在的意义是什么。品牌使命，界定了品牌在公司内部和品牌联合体中存在的理由和任务。比如：阿里巴巴的品牌使命是："让天下没有难做的生意。"

品牌目标，是指品牌从哪里来，要到哪里去。比如：宝洁的品牌目标是："成为并被公认为提供世界一流消费品和服务的公司。"

品牌价值观，是指品牌的今天和明天代表什么。它将成为日后品牌营销的重要指导原则和操作的精神规范。比如：海尔的品牌价值观是："真诚到永远！"

"人人生而平等""让世界充满和平"，这些都是能够引起共鸣的完美的价值观。一个国家、一个社会，有了自己的价值观，这个国家和社会才能得到大众的信任。同样，一个品牌，也需要有自己的价值观。

价值观就是要把你希望赢得他人信任的东西告诉别人。一个品牌应当力争在消费者心智中形成一个词汇或话语，这个词汇或话语最好能与价值观有关。

（二）品牌价值的三个利益：功能性利益、情感性利益、表现性利益

品牌的灵魂是品牌的核心价值。品牌核心价值包含提供给消费者的功能性利益、情感性利益和表现性利益。

品牌核心价值除了给消费者提供物质层面的功能性利益，即产品卖点（独特的销售主张），还可以为消费者提供情感性

利益与自我表现性利益，可能是审美体验、快乐感觉、表现财富、学识、修养、自我个性、生活品位与社会地位等。

由此，我们知道，品牌的核心价值主张主要分为一实一虚两个部分。所谓"实"，是指产品的功能性（物质）利益；所谓"虚"，是指品牌的情感性（精神）利益和表现性利益。

功能性利益，即物质性利益，如乐百氏27层净化、飘柔的"柔顺"功能、海飞丝的"去屑"功能。

随着科技的进步，产品的同质化越来越严重，就要更多地依赖情感性与表现性利益的品牌核心价值来与竞争品牌形成差异。

情感性利益指的是消费者在购买、使用某品牌的过程中获得的情感满足。例如："钻石恒久远，一颗永留传"能让我们洗却浮躁，以一颗宁静的心感动于纯真爱情的伟大；"不在乎天长地久，只在乎曾经拥有"让每位历经沧桑不禁感叹"此情可待成追忆"的老人回首往事时，有铭心刻骨的共鸣。

表现性利益指的是品牌成为消费者表达个人价值观、财富、身份地位与审美品位的一种载体与媒介。例如：可口可乐宣扬的"从来就是这么酷"；百事可乐张扬着"青春的活力与激情"；奔驰车代表着"成功、财富"；劳力士、浪琴和上百万元一块的江诗丹顿能提供给消费者独特的精神体验，并满足展现"尊贵、成就、完美、优雅"等形象的愿望。这些品牌都是凭借给予消费者自我表现性利益而成为强势品牌的。

品牌不仅要代表一定的高度（第一）和角度（唯一），还要有一定的温度（情感性和表现性利益）。

品牌的核心价值既可以是功能性利益，也可以是情感性和表现性利益。对于某一个具体品牌而言，它的核心价值究竟以哪一种为主，主要取决于品牌核心价值对目标消费群体起到感染力的大小和与竞争者形成差异化的大小。

（三）品牌营销的三种力量：产品力、传播力、渠道力

品牌营销是品牌打造的根本驱动力，没有品牌营销，品牌就只能是一个符号，不会传递给消费者任何意义。一个企业品牌营销方面的竞争优势，主要来自产品力、传播力和渠道力的组合。

产品力，是指产品符合消费者需要的强烈程度。产品是皮，品牌是毛。皮之不存，毛将焉附？创造产品力，是所有营销的根本。产品，是营销的起点，也是营销的终点。任何营销创新的终极目的都是提升产品力。没有产品力，品牌建设就如水中月、镜中花，最终空欢喜一场。

传播力：在明确了品牌的核心价值和品牌定位之后，就要重点依靠传播的力量，打造品牌的认知度，把品牌的印迹"烙"在用户的心智当中。要运用有效的品牌营销手段，打造品牌认知度、美誉度和忠诚度，让用户认知、认同和认购你的品牌。

品牌营销专家沈志勇老师在《大单品品牌》一书中说："一个产品有两个通路：一个是品牌，一个是渠道。品牌负责把产品送到用户的心中，渠道负责把产品送到用户的手中，两者缺一不可。"前者要占领心智份额，后者要占领市场份额。

渠道力：在铺天盖地的传播之后，最终还需要依靠渠道的力量把产品送到用户的手中，做到让用户"买得到""买得起""乐得买"，否则，再好的产品也很难形成销售。再好的品牌，没

有用户体验也无法形成良好的口碑。

品牌是一个系统，是体系，不是单点。品牌的"三个一"只是建设品牌的一个点，光有这个点还不够，还需要了解品牌的特征和打造品牌的两种不同逻辑。不了解正确的品牌逻辑，可能会南辕北辙，适得其反。这就是打造品牌的一条线。最后，还要了解打造品牌的一个面，即描绘品牌愿景、明确品牌价值，持续进行品牌营销的投入。重复、重复、再重复，放大、放大、再放大，直至深入人心，直至占领心智。这样我们才能说一个品牌建立起来了。

掌握了打造品牌的"九宫格·点线面"理论，就是品牌建设的理论高手了，接下来需要的就是理论指导实践，脚踏实地地去耕耘和培育品牌了。

图谱三：品牌顶层设计"九宫格·点线面"模型

品牌打造的三部曲：注册商标→形成烙印→占据心智

®　➡　烙印　➡　🧠

品牌打造的方法论：品牌九宫格——点线面理论

点·理论：三个一　　　　线·理论：三个二　　　　面·理论：三个三

一个好名字	两个特征	品牌愿景
●	不做第一／就做唯一	品牌使命 品牌目标　品牌价值观
品牌名+品类名		

一句定位语	两个代表	核心价值
●	代表一个品类／代表一种特性	功能性利益 情感性利益　表现性利益
你是什么+你能干啥		

一个视觉锤	两个逻辑	品牌营销
●	线下：经典的逻辑／线上：颠覆的逻辑	产品力 传播力　渠道力
独特符号+品牌关联		

奇点 1. 品类创新——三化：简化、分化、进化

什么是品类？消费者把一个个需求归类，在脑海中以一个个小方格的形式储存，这一个个小方格就是品类，如饮料是一个小方格、洗发水是一个小方格、手机是一个小方格，每个小方格里储存着最多 7 个品牌，而时常能被脑海唤醒的只有两三个品牌，更多的品牌处于"沉睡"状态。

品类创新是打造"第一"品牌的根本路径，要想企业的品牌持续保持领先地位，就要不断开创新品类，形成新品牌或者实现老品牌的成功延伸。

那么，如何进行品类创新呢？

根据"同字三点"原则，笔者把品类创新概括为"三化"：简化、分化和进化。

一、简化——聚焦品类

在这个信息爆炸的社会，要想迅速占领用户的心智，首先需要对品类进行"简化"。

第一，产品结构的简化。面对那么多的品种和型号，聚焦是一个很有必要的步骤，如乔布斯用一个田字格把苹果公司的产品聚焦在四个大的品类上。

第二，用户认知的简化。简化用户的认知，就是为了实现对记忆的强化。塑造爆款，强化记忆。如何通过产品跟品类 /

品牌产生强关联，并成为消费者心中的记忆点，是简化认知的有效方法。

二、分化——从 0 到 1

艾·里斯在《品牌的起源》这本书中告诉我们一个核心观点，品类跟物种进化一样，是慢慢地分化出来的，如椅子不断分化成木椅和非木椅，然后进一步分化出折叠椅、摇椅、沙发椅、塑料椅等子品类。

"商业发展的原动力是分化，而分化的力量又来自不断诞生的新品类。"

中国企业有七大主要的品类分化途径：

途径一：分化技术。把一项现有的技术应用到另外一个现有的品类市场，是分化品类的一种可行的方法，如把太阳能技术应用在热水器中的皇明，成了太阳能热水器的领导品牌。

途径二：分化功能。例如：汽车行业在漫长的发展历程中，因为使用功能的分化产生了以下几个强大的品牌。吉普："运动型多功能车"新品类第一品牌；悍马："军事汽车"新品类第一品牌；考维特："美国跑车"新品类第一品牌。

途径三：分化价格。例如：丹麦的 B&O 是全球最贵的家庭视听设备品牌，一台等离子电视卖到了几十万。

途径四：分化渠道。随着网络技术的发展和新型渠道的出现，很多线上品牌也随之出现，如互联网坚果销量领先品牌——"三只松鼠"。

途径五：分化年龄。例如：恒大家具推出第一个青少年家具品牌"多喜爱"，从成人家具当中将青少年儿童家具分化出来，经过 7 年的发展，已成为中国青少年家具品类第一品牌。

途径六：分化属性。领先者将品类中的重要属性加以分化，并占据品类中最有价值的属性，如亨氏拥有品类的代名词"番茄酱"，为了巩固领导地位，它进一步将番茄酱最重要的属性分离出来。

途径七：分化形态。包装的形态、产品的形态等都是可以分化的方向，如世界上最大的茶叶品牌不是诞生在茶的故乡——中国，而是在不生产茶叶的英国，它就是世界袋泡茶第一品牌——立顿。

三、进化——从 1 到 N

品类可简化可分化，还可以进化。树大长叉，人大生娃，生物进化是如此，商业也是如此。

从马车到汽车是一个跨越式的科技进步，因为马车满足不了人们的出行需要，人们需要一种更快的交通工具，汽车的出现就是品类的进化。从马车到汽车的过程，就是进化。

从过去的大哥大到液晶屏手机，再更新换代到如今的智能手机，也是品类进化的结果。

从大砖块电脑到液晶屏电脑，到笔记本电脑，再到平板电脑，这是满足消费者对携带方面的需求，是品类分化的结果。

品类进化是指产品持续改良升级，而品类分化是指从消费者心智中发现新的品类。通过产品的改良升级，企业可以增加老客户的黏性；通过分化品类，企业可以开发新客户。

无论是简化、分化还是进化，背后的逻辑都是品类创新，目标都是为了开辟新品类，都是为了创建或打造强势品牌。

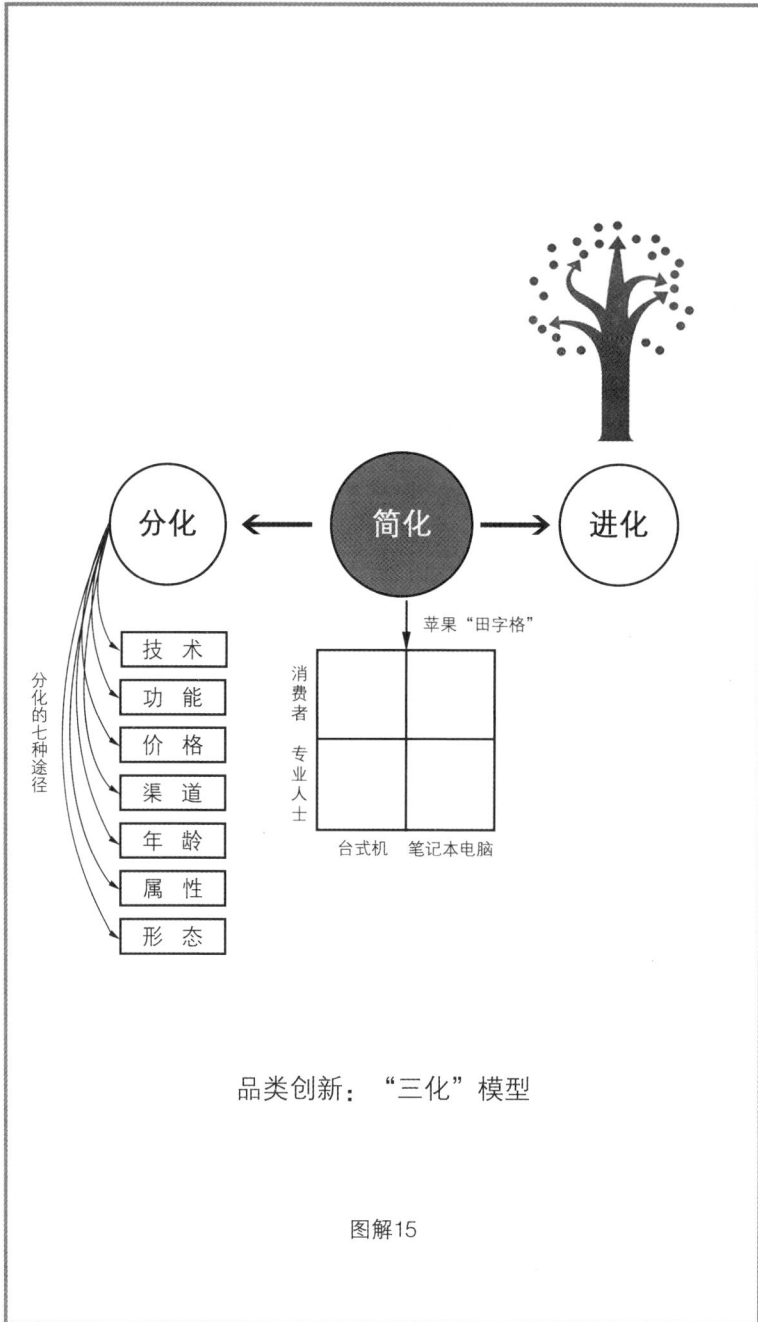

技　术
功　能
价　格
渠　道
年　龄
属　性
形　态

分化的七种途径

分化　←　简化　→　进化

苹果"田字格"

消费者

专业人士

台式机　笔记本电脑

品类创新："三化"模型

图解15

奇点 2. 品牌定位——三定：定量、定性、定类

艾·里斯和杰克·特劳特在 1972 年开创了定位理论——产品（品牌名）在消费者头脑中占有的位置。2001 年，定位理论力压著名营销大师菲利普·科特勒和著名战略大师迈克尔·波特的观念，被美国营销协会评为"有史以来对美国营销影响最大的观念"。两位定位大师提出的定位理论偏重于传播领域，主体是品牌，所以也叫"品牌定位"。

当前，有一些人对"品牌定位"理论提出质疑，大部分都是片面甚至有意地曲解了定位。市场上叫"×位"的观点很多，根本目的是想通过"品类关联"和"对立策略"来提升自己观点的影响力。

"品牌定位"是一个非常有生命力的营销观念，无论是在信息不对称的线下市场还是在人机一体、万物互联的线上世界，"品牌定位"都显示出它强人的生命力。只不过线下市场依据的是信任状，线上世界依靠的是价值锚。

那么，如何打造"品牌定位"呢？根据"同字三点"原则，笔者把品牌定位的设计和形成过程归纳为"三定"：定量、定性、定类。

定位的设计公式就是"你 = 什么？"定位的形成公式就是"什么？= 你"。要跨过这个"="，就要制定定位的标准和目标。标准包括"定量"的标准和"定性"的标准。目标就是"什么？= 你"。

一、定量——市场份额

打造定位的精髓就是找到并成为品类的第一。第一的标准首先是市场份额占比。针对品类第一的市场份额占比，有五种理论标准可以参考。

第一，特劳特"124"法则。第一名的销量是第二名的2倍，是第三名的4倍。

第二，行业三分法。领先者：15%的市场份额；生存者：5%～10%的市场份额；挣扎者：小于5%的市场份额。

第三，波士顿"三四"法则。在有影响力的领先者之中，企业的数量绝不会超过3个；而在这3个企业中，最有实力的竞争者的市场份额又不会超过最弱者的4倍。

第四，裴中阳竞争理论。领先地位（第一：15%以上）；优势地位（第一梯队：8%以上）。

第五，NO.1法则。73.9%=压倒性NO.1，第二名无法翻盘的市场份额；41.7%=只有一个人胜利，真正的NO.1；26.1%=成为强者的最低目标，当前的NO.1。

二、定性——心智份额

除了定量的指标，还要有定性的指标。因为市场份额的第一不是稳固的第一，心智份额的第一才是实实在在、稳固的品类第一。

品牌的心智阶梯：根据"魔数之七"法则，一个品类中，我们只能记得5±2个品牌，品牌要想取得成功，就要至少进入前 7 名，而且即使是前 7 名的品牌也要面对不同的命运。数一数二：生存；不三不四：亏损；五合六聚：挣扎；七上八下：消亡。

品牌心智份额还遵循"倍数"法则。第一品牌：40%；第二品牌：20%；第三品牌：10%；第四品牌：5%；第五品牌：2.5%；第六品牌：1.25%；第七品牌：0.625%。

三、定类——品类关联

品牌定位形成的标准，就是通过用户调研验证品牌跟品类之间的关联度。提起品牌名称，看用户是否能够关联到品类。根据定量标准，如果有 40% 的用户能够通过选择题实现品牌和品类的关联，说明定位在用户的心智中已经有一定认知。如果通过填空题能够实现品牌和品类的关联，说明定位在用户的心智中已经有一定的认知度、美誉度，甚至忠诚度。

以上，就是"品牌定位"的"三定"模型，按照这个科学的客观化指标去指导品牌定位策划，品牌定位才能真正落地。

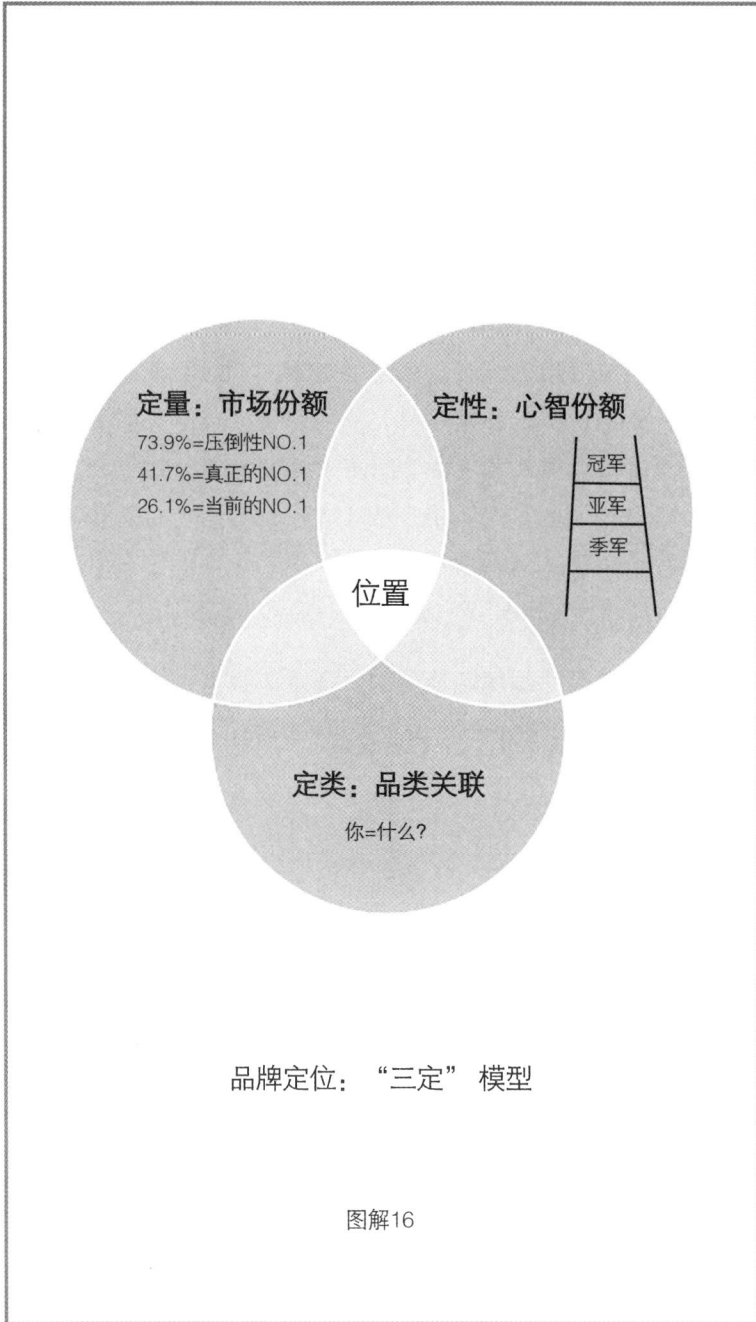

定量：市场份额

73.9%=压倒性NO.1
41.7%=真正的NO.1
26.1%=当前的NO.1

定性：心智份额

冠军
亚军
季军

位置

定类：品类关联

你=什么？

品牌定位："三定"模型

图解16

奇点 3. 心智占位——三军：冠军、亚军、季军

人们往往对第一印象深刻，第二以后往往就籍籍无名了。全球最高的山峰是哪一座？大部分人都知道是珠穆朗玛峰（8848.86 米）。第二高呢？估计很多人就不知道了——乔戈里峰（8611 米）。第三高呢？很多人或许听都没听过——干城章嘉峰（8586 米）。

那是不是第一以后的所有事物就没有价值了呢？不是的。山峰的例子是因为它本身不是商品，没有专门的机构去推广，人们更多地从地理教科书上认识了珠穆朗玛峰，后来又有一个小众的群体——有闲、有钱、有品的人去攀登珠峰，公众才印象深刻。

可产品就不同了。人类的需求太多样、太复杂，充满了太多变数，光靠第一的企业怎么能够满足？另外，第一和冠军是相对的概念，是有时间、有地域、有范围、有维度的一种比较，而不是固定的、一成不变的。

那些曾经辉煌一时又如流星一般陨落的明星企业就最好地印证了这一点。那些奋起直追、不断创新的后起之秀，甚至曾经籍籍无名的企业一朝成为黑马，异军突起、横扫千军的也不在少数。所以，是否能够基业长青，相对地永续经营，重要的不是看企业占有多大的市场份额，而是要看企业占有多大的心智空间，在用户的心智空间中排第几。

市场份额容易在政策变化、竞争突变、跨界打劫的环境中瞬间崩塌，就像上市公司的市值一样，一夜间蒸发殆尽。但心

智空间就不会轻易受这些因素的影响，因为那是刻在用户心中的烙印，很难抹平。

根据"同字三点"原则，笔者把心智占位归纳为"三军"：冠军、亚军、季军。

一、冠军——记录需要自己来打破

在体育竞技中，看似一毫秒或者一米的领先，背后都要付出无数的汗水或具备无数个独一无二的取胜逻辑。对于一个企业更是这样，要想大比分领先于第二名，就要付出更多的努力。要采用"防御战"有效防御竞争对手的进攻，具体做法就是要不断地自我攻击、自我否定。制造无数个假想敌，这样才能时刻保持危机感，时刻保持创新意识和进取精神。

二、亚军——差之毫厘，谬以千里

在体育竞技中，获得亚军和冠军，在公众心里的影响力有着天壤之别，哪怕差一毫秒，也会被定性为第二名，因为事实更重要。广告商要的是第一效应和名人效应，所以很少有广告商会请获得亚军的奥运健儿代言。

所以，取得亚军的人或企业的命运往往和冠军天差地别。亚军的市场份额只有冠军的一半，利润只有冠军的四分之一。

那么老二如何赶超老大？两个字："换道"——换道超车。采用"进攻战"，重新定义冠军或者开辟新品类，做创新的引领者，以迅雷不及掩耳之势换道超车，等冠军醒过神来，已经来不及封杀和堵截。

三、季军——季军是一种偶然现象

季军的实力和冠、亚军相比就不在一个等级了，属于第二梯队了。在第二梯队里竞争者就多如牛毛了，他们的实力都旗鼓相当，所以一般获得季军的大部分是幸运或者说偶然，因为有实力排名第三的实在太多了。

没有听说哪个企业把目标定成：我要成为中国第三的企业。一般都在追求"数一数二"。那么季军的作用就是陪衬，而且是为了陪衬第二名，另一个作用就是带领所有第三名以后的企业一起跟"大哥""二哥"混，壮大这个品类的声势，没准熬到老大老二都"死"了，说不准谁一不小心就能当上"老大"了。所以，季军的成功路径，就是选择"侧翼战"，出奇制胜，唯快不破，先生存下来，然后坚持到底。

以上就是品牌在用户心智空间中的占位以及市场地位：冠军、亚军以及后续品牌的代名词季军。

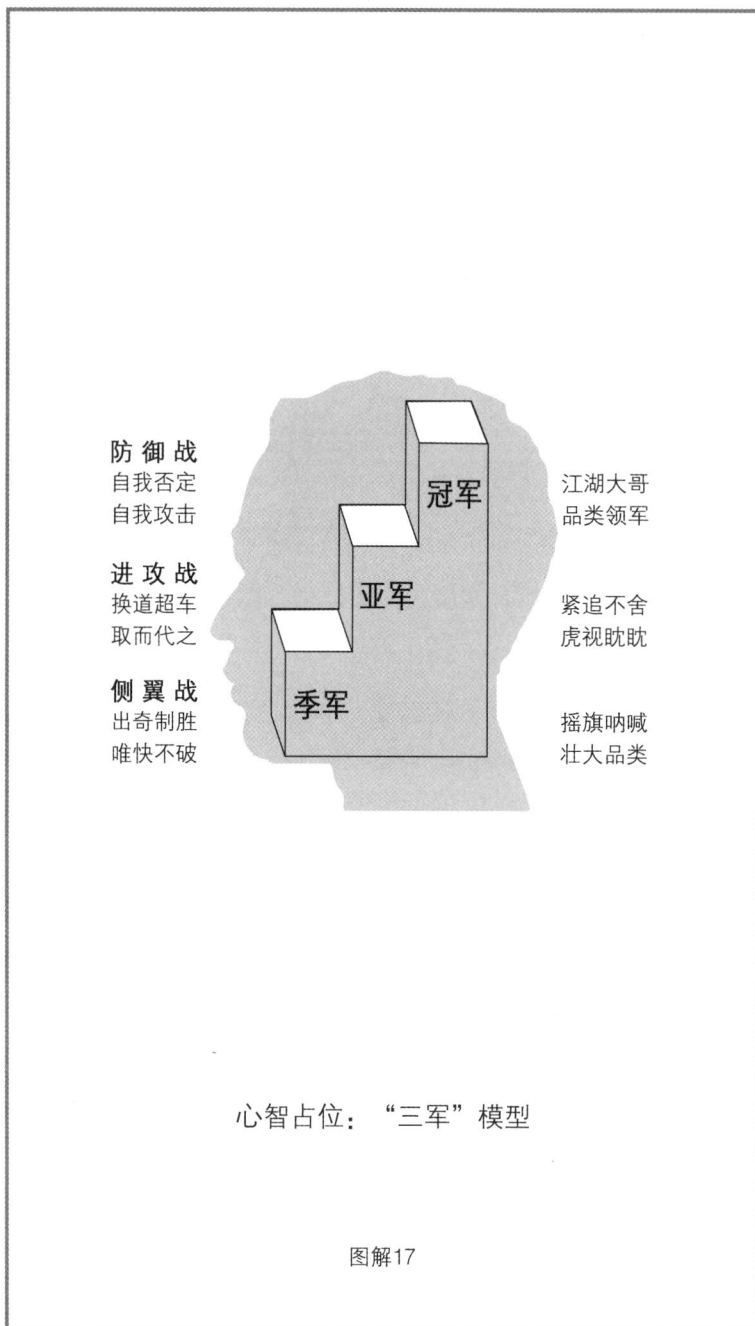

防御战
自我否定
自我攻击

进攻战
换道超车
取而代之

侧翼战
出奇制胜
唯快不破

冠军

亚军

季军

江湖大哥
品类领军

紧追不舍
虎视眈眈

摇旗呐喊
壮大品类

心智占位："三军"模型

图解17

奇点 4. 品类推广——三聚：聚人、聚力、聚智

面对一个新品类的推广，最核心的任务就是新品类教育，这是放大品类价值、迅速占领品类最基础的工作。那么如何进行新品类的推广呢？

营销大师史玉柱推广脑白金的经典案例就是新品类推广的成功案例。史玉柱崇拜伟大领袖毛泽东，同时对吴炳新的三株的营销业绩钦佩不已，借鉴了吴炳新根据毛泽东思想制定的"农村包围城市"战略，史玉柱制定了"小城市包围大城市"的战略路线。

集中资源，集中人群，集中市场，会创造局部优势，这也是毛泽东战略思想的精髓。

根据"同字三点"原则，笔者把品类推广策略概括为"三聚"：聚人、聚力和聚智。

一、聚人——汇聚意见领袖

聚人，就是聚焦源点人群，源点人群就是新品类的目标消费群。不要期望一个产品能够满足所有用户的所有需求。唯有聚焦精准用户，才能有针对性地满足用户需求。有了目标用户群，再从目标消费者中汇聚意见领袖来为产品和品牌背书。

脑白金最早聚焦失眠的中老年人。前期，史玉柱带着团队重点在无锡的江阴开展了用户调查。到了一个村庄后，每个调研人员的手里都发了脑白金的宣传文章，一家一户敲门。在家里留守的都是老年人，也正好是脑白金的目标消费群。

"江阴调查"：询问街巷中数百位普通市民是否愿意使用可以改善睡眠、可以通便、价格如何如何的产品；对市场营销中可能遇到的各种问题摸了个通透。这部分目标消费者也就成了脑白金第一批的试用者，部分消费者也就成了意见领袖。

二、聚力——集中优势兵力

聚力，就是集中优势兵力开发源点市场。所谓的源点市场就是新品类的试点市场。史玉柱在每个省都从最小的城市开始启动市场。他集中优势兵力，倾尽所有猛砸广告。地方电视台与报纸的宣传相互交错，对消费者进行深度说服。

脑白金在江阴进行了长达一年的试销。其间，尝试各种推广、广告和销售手法，为广告创意提供了足够的依据。保健礼品营销的方式和10年不变的广告语——"今年过节不收礼，收礼只收脑白金"就来自这些试销活动。

史玉柱制定从江阴起步，用3年时间进入大上海的目标。史玉柱的目标在大城市，但他起初只有50万元启动资金，无法直接"攻打"大城市，所以只好"聚力"——集中优势兵力，从中心城市上海边缘的小城镇江阴入手。"攻下"了江阴就打开了进入大城市的突破口。

三、聚智——探索成功模式

聚智，就是汇聚众人的智慧。在源点渠道探索，试点出成功的并可复制的渠道模式。

脑白金在启动的时候，采用了一种非常独特的渠道策略。脑白金在省级区域内不设总经销商，在一个城市只设一家经销商，并只对终端覆盖率提出要求。因为不设总经销商，就让渠道实现了扁平化，也就是"扁平化精准分销"模式。将一个经销商的控制范围限制在一个地区、一个城市，一方面防止了经销商势力过大对企业的掣肘；另一方面一个城市只设一家经销商，保证了流通环节的利润，厂家与经销商的合作关系因此变得更加紧密。

在功能分配上，经销商只负责铺货、配货，其他的终端包装、终端促销、广告投放等，均由脑白金设在各地的办事处负责。

在这种模式下，经销商的作用非常有限，实际上仅起到配货中心的作用。这样，脑白金就建立起来了一套受控的"扁平化精准分销"的渠道模式。脑白金也迅速地把这套模式扩展到了全国的其他省份，成功地打造成了老年保健礼品类。

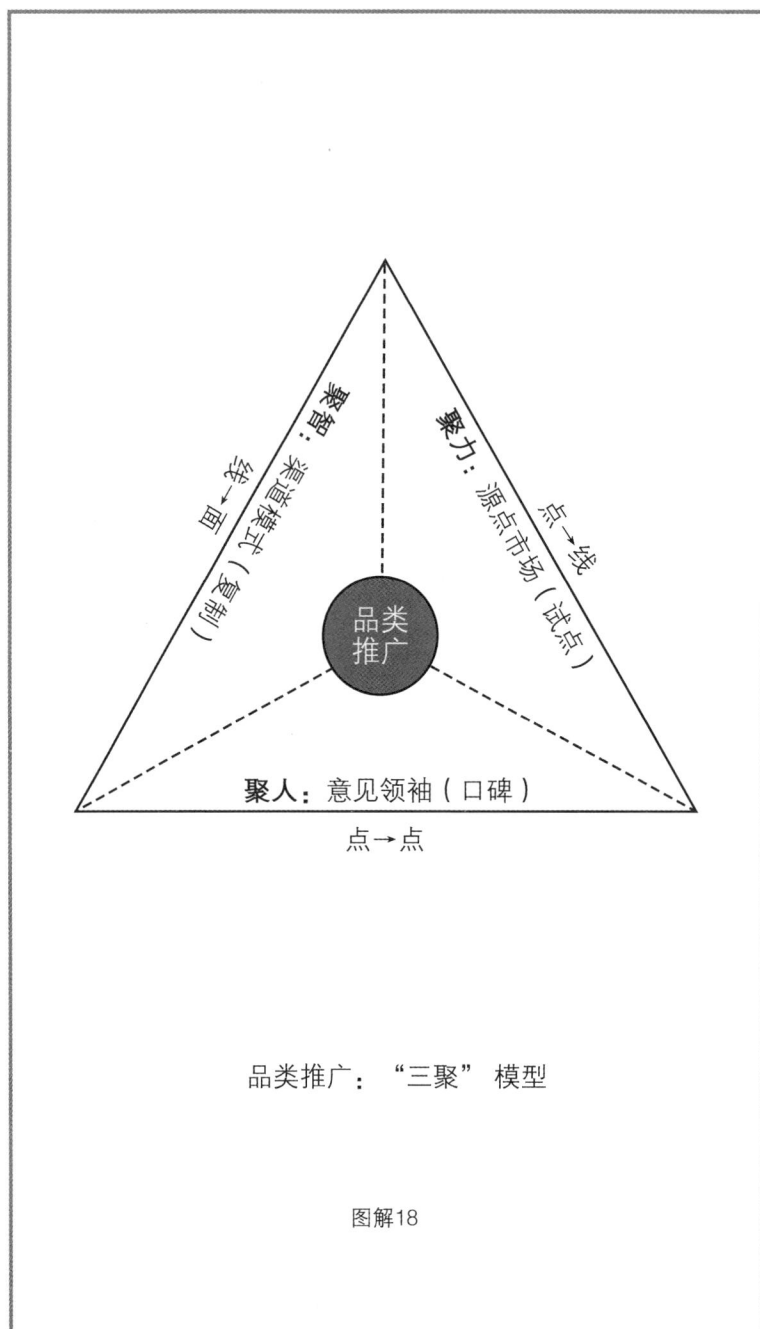

品类推广："三聚"模型

图解18

聚智：渠道意见（牌音）
里→转

聚力：源点市场（试点）
点→线

品类推广

聚人：意见领袖（口碑）
点→点

奇点 5. 品牌建设——三品：品类、品质、品位

如果产品好，用户就会把他的喜爱积累在品牌的标志上，省去搜寻、了解、信任的过程，直接购买，这个就是品牌的价值。有了品牌，就能降低客户的交易成本。如果能把品牌和品类直接关联，做到指牌购买，那交易成本就更低了。

用户购买的逻辑是：用品类来思考，用品牌来表达。 那我们建设品牌的路径就是首先建立品牌和品类的关联，然后打造出有品质的产品。最后，在与用户沟通和互动的过程中形成自己的品位和调性，这样一个品牌也就形成了。

根据"同字三点"原则，笔者把品牌建设的过程归纳为"三品"：品类、品质和品位。

一、品类——物有所属

品类，指的是产品和服务属于哪一类，跟哪一类产品竞争。这个产品解决的也许是很细分但很独特的客户需求，客户在这个细分品类的选择上，因为对产品的了解而产生信任，最后产生偏好。

万物皆有归类。品类就是确定产品（品牌）归属的类别，实际上就是回答"我是谁"的问题。

比如："怕上火，喝王老吉"，市场上的饮料有无数种，但是王老吉创立了一个防上火的凉茶品类。然后通过广告、营销、赞助综艺节目等，不断地把品牌和品类关联到一起，让消费者最终产生购买偏好。

在"品类创新"里，已经重点论述了品类创新对于品牌创建的重要作用，此处不做赘述。打造品类是品牌建设的关键环节，也是不可或缺的重要组成部分，是品牌的两个代表之一。

二、品质——物有所值

品质是产品质量，是产品的实质与内涵。品牌是产品质量的外延与形象。光有品质，没有品牌，好酒也怕巷子深，也容易被竞争对手模仿，很难形成竞争壁垒。

品牌和品质其实是相辅相成的。品牌依托于品质，品质是品牌的保障。品牌定义了品质的标准，给了用户购买的理由，赋予了产品的额外价值。反过来，品质也要证明品牌，品质是品牌的信任状，是用户体验的载体，是印证品牌的有力武器。

20世纪80年代初，日本经济增长处于停滞状态。1983年，无印良品应运而生，它的口号是"物有所值"，强调品质价值。无印良品的产品包装设计非常简洁，去掉一切不必要的加工、颜色和商标，降低了成本和价格。强调"去品牌溢价"、仅突出品质的无印良品，今天反而成了著名品牌。

三、品位——物有品级

品牌的核心是品质，品质的核心是品位。品位，泛指人或事物的品质、水平，品位相当于档次、格调、趣味。"品位"有点儿抽象，举个例子就容易理解了，假如你没见过大河大川，就以为自家门口的土丘足够称之为山了。

品位价值比较感性。有些人特别喜欢一个品牌，是因为它的品牌故事，如CHANEL（香奈儿）创始人香奈儿女士的才华、名利、恋情和女权思想一直被人们津津乐道。也有人喜欢的是品牌背后的设计模式，如 LV（路易威登）包经典耐看的图案、GUCCI（古驰）时装的性感奢华。还有人喜欢品牌带来的同伴认可，如带上 IWC（万国）手表能让朋友们觉得很有品位。

这就是打造高价值品牌的"三品"模型。首先，开创品类价值，做到我和别人不一样；其次，打造品质价值，做到我的质量最优；最后，提升品位价值，做到我比别人更显档次。这样才能提高品牌溢价，延长品牌的生命周期。

品牌

品位
物有品级

品质
物有所值

品类：物有所属

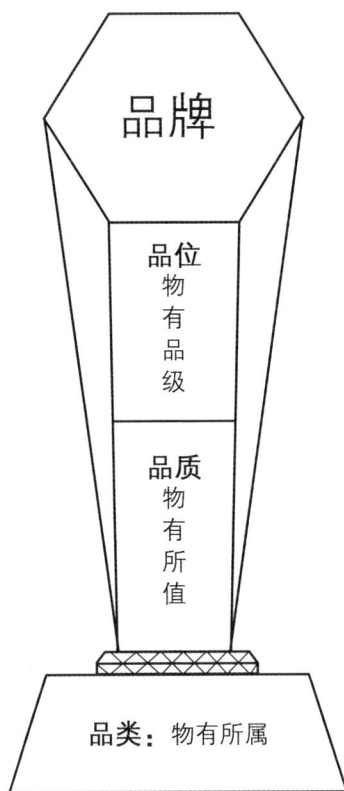

品牌建设："三品"模型

图解19

110

奇点 6. 品牌打造——三度：高度、角度、温度

如何打造成功品牌？这是每个企业都必须提到战略高度来考虑的问题。

品牌能否建设成功，在于我们能否在用户心中建立有效的价值认知，也就是能否建立价值灯塔。成功的灯塔一定具备非凡的高度和耀眼的光芒，这就是营销大师路长全老师提出的"品牌背后的两极：争夺高度，构建角度"。

"高度"和"角度"无疑是打造品牌的有效策略，但是无论是"高度"还是"角度"，都是基于"以企业为中心"的"由内而外"的传统逻辑；在"以用户为中心"的互联网时代，我们还需要站在用户的角度，即运用"由外而内"的颠覆逻辑来打造品牌，这就是打造品牌的第三极——"温度"。

根据"同字三点"原则，笔者把品牌打造归纳为"三度"：高度、角度和温度。

一、高度——构建第一

品牌是商品海洋中的灯塔。灯塔的高度，就是品牌的高度。品牌的高度就是品牌在消费者心智中所处的位置。品牌高度决定品牌命运。

品牌世界无不以在用户心中建立顶级的位阶为撒手锏。这就是品牌打造的一极——高度构建。

首先，抢占位阶制高点。真正杰出的品牌都懂得首先占位，一旦占据了有利的高度，就能获得高度所赋予的势能，就能获

得百鸟朝凤般的独领风骚。例如：苹果公司，虽然不是智能手机的发明者，但是它却抢先占领了智能手机的品类制高点，成了智能手机的代名词。

其次，争夺品牌制高点。在已经出现高阶品牌，尤其已经存在"第一"品牌的行业，要学会争夺品牌制高点，尤其要争夺"第一"。其实很多行业的"第一"是非常脆弱的，如在自行车行业，脆弱的"永久"被"捷安特"等取代；在乳品行业，曾经五十多年的老品牌被"伊利"等取代；在日化行业，曾经的第一品牌"中华"被"云南白药"等取代……（数据来自"中国品牌网"）

最后，制造品牌制高点。如果你在现有的类别中排不到前面，怎么办？高手竞争先划类，那就重新划出一个新类别，界定类别等于规避竞争。例如：七喜，非可乐。七喜就是在"两乐"已经主导市场的局面下，开创出来的另一种类别的饮料。

二、角度——创造唯一

品牌灯塔的力量还取决于所放射出光芒的色彩。不同色彩的光线将引起不同人群的心灵共鸣，不同颜色的光线将击穿不同人群的心理。这就是品牌建设的另外一极——角度创造。

品牌角度将决定竞争格局，不同的角度将有效切割市场，有效规避竞争。角度不同则世界不同，角度不同则品牌不同。

从某个角度将产品的某个差异放大、放大、再放大，重复、重复、再重复！当这个差异被放大到一定程度时，就在用户心智中产生了质变，形成了产品的"唯一性"！例如：当用户想到"海飞丝"时，会想到"去屑"；当用户想到"飘柔"时，会想到"柔顺"。"宝洁"就是从不同角度来阐述产品的特性，使得它的产品在用户心智中与众不同。

三、温度——维护品牌

根据物理学原理，灯塔的光线越亮，一定时间内产生的热量即温度就越高。"温度"是品牌创建的第三极，是创建线上品牌所采取的有效方法，也是维护品牌的有效手段。

"温度"强调体验，核心是用户。品牌的态度对应的是人的态度，这样用户才会产生共鸣，有共鸣才会有品牌认同。

要让品牌有温度、有情怀，必须让用户在品牌里看到"自己"。相似的价值观、审美观、情怀、回忆……

例如：江小白，80后的青春小酒，80后的专属味道。江小白不仅做了80后的专属定位，还创新性地通过"瓶语"讲述着80后的青葱岁月，引发了无数80后的情感共鸣。

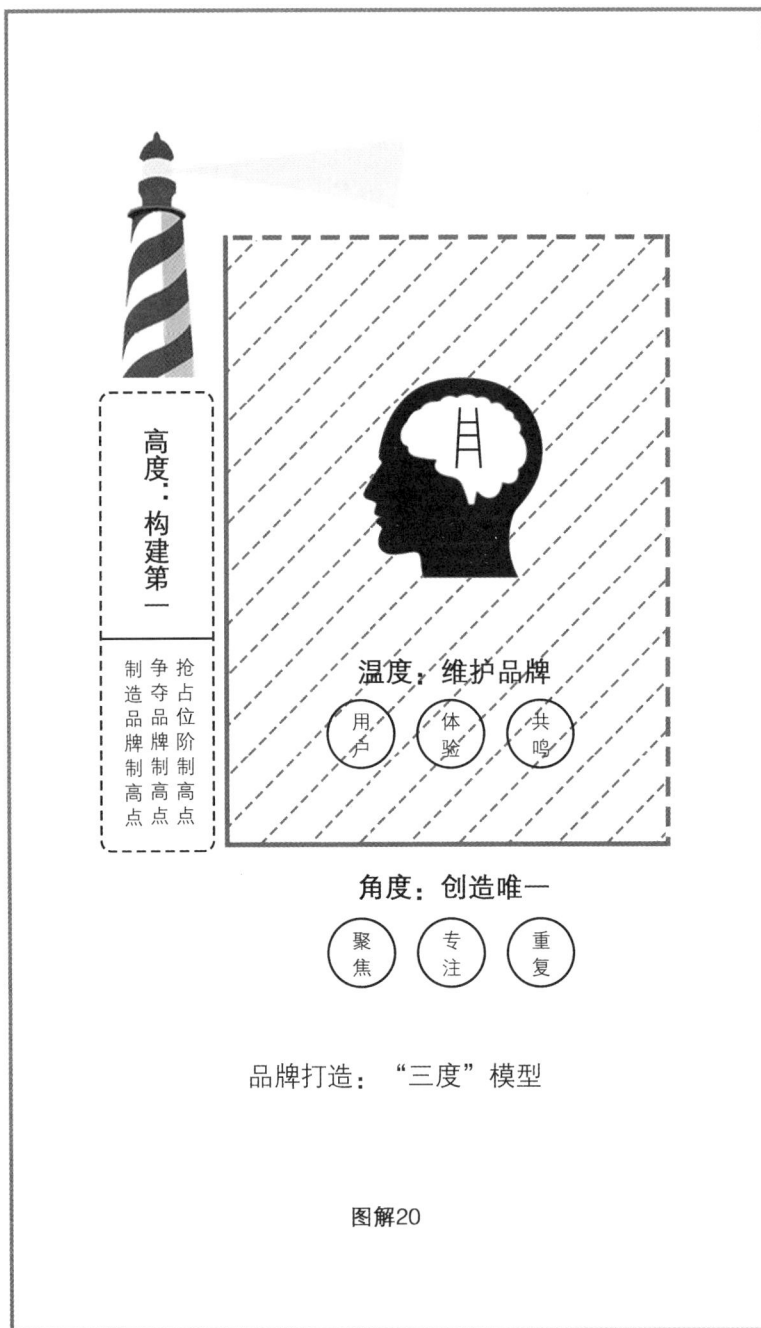

高度：构建第一

抢占位阶制高点
争夺品牌制高点
制造品牌制高点

温度：维护品牌

用户　体验　共鸣

角度：创造唯一

聚焦　专注　重复

品牌打造："三度"模型

图解20

奇点 7. 品牌营销——三认：认知、认同、认购

传统产品的品牌营销手法，最常见的莫过于按照"认知度→美誉度→忠诚度"这个顺序链条，即一开始就进行"海、陆、空"的轮番轰炸——"天上砸广告，地上铺渠道"，不论好坏，先让用户知道你的存在，然后再宣传你的优点。至于是否能够形成品牌美誉度和用户忠诚度，只能听天由命。*保健品行业最突出，远有脑白金，近有极草，都是典型案例。*

互联网产品的品牌营销手法，模式有些变化。因为互联网的产品即品牌，所以顺序链条一般是"美誉度→认知度→忠诚度"，*如小米的品牌成长路径。*

认知度就是让消费者认识并知道你的品牌。美誉度是让消费者认同你的品牌，对你的产品有好感。而忠诚度是让消费者愿意反复指牌购买你的产品，也就是认购你的品牌。

根据"同字三点"原则，笔者把品牌营销归纳为"三认"：认知、认同和认购。

一、认知——认知度：知道你是谁

品牌推广的首要目标就是让用户对品牌产生认知，认识并知道。因为光认识或听说，而不深入知道品牌，就不能形成品类关联，也就很难形成品牌推广的结果。所以，最基本的标准，就是要让用户知道你是谁，形成品类认知关联，占据用户心智。

在品牌发展的不同阶段，认知度教育的侧重点也有所不同。初期及中期一般以品类和物质利益的认知度教育为主；中后期

则主要以情感或精神价值的认知度教育为主。当然也有些做法是"物质利益 + 情感利益"或"物质利益 + 精神价值"贯穿始终，如 999 感冒灵前期的传播主打"中西结合治感冒"这个功能点，后来则传播"暖暖的，很贴心"，就是一种从功能认知度教育转到情感利益认知度教育的成功案例。

二、认同——美誉度：认同你的好

美誉度是指一个品牌获得公众信任、好感、接纳和欢迎的程度，是评价品牌声誉好坏的社会指标，即公众对品牌的信任和赞美程度。

美誉度反映的是用户对品牌"认同"的程度，它在一定程度上代表了品牌在人们心中的印象和信任感。品牌美誉度和品牌定位有着极为紧密的关系。品牌定位越牢固，对品牌美誉度提升的帮助就越大。退一步讲，即使品牌美誉度一般，只要品牌定位牢固，这个品牌依旧具有强烈的竞争力。

三、认购——忠诚度：我就喜欢你

忠诚度是衡量用户对品牌忠诚的指标。忠诚度是因为用户长期反复地购买使用品牌，并对品牌产生一定的信任、承诺、情感维系，乃至情感依赖，即已经跟该品牌产生了一种"认购"关系。就是在产品未上市之前，就已经先交钱预定下该品牌的产品。

品牌的"认购"分为四种类型。

类型一：习惯购买者。这一层用户忠于某一品牌或某几种品牌，有固定的消费习惯和偏好，购买时心中有数，目标明确。

类型二：满意购买者。这一层用户对原有消费的品牌已经相当满意，而且已经产生了品牌转换风险忧虑，也就是说购买另一个新的品牌，会有风险。

类型三：情感购买者。这一层用户对品牌已经有一种爱和情感，某些品牌是他们情感与心灵的依托。

类型四：忠诚购买者。这一层是品牌忠诚的最高境界，用户不仅对品牌产生情感，甚至引以为傲。

成功的品牌营销就是要做到"三认"：认知、认同和认购。认知和认同是过程，认购是结果。

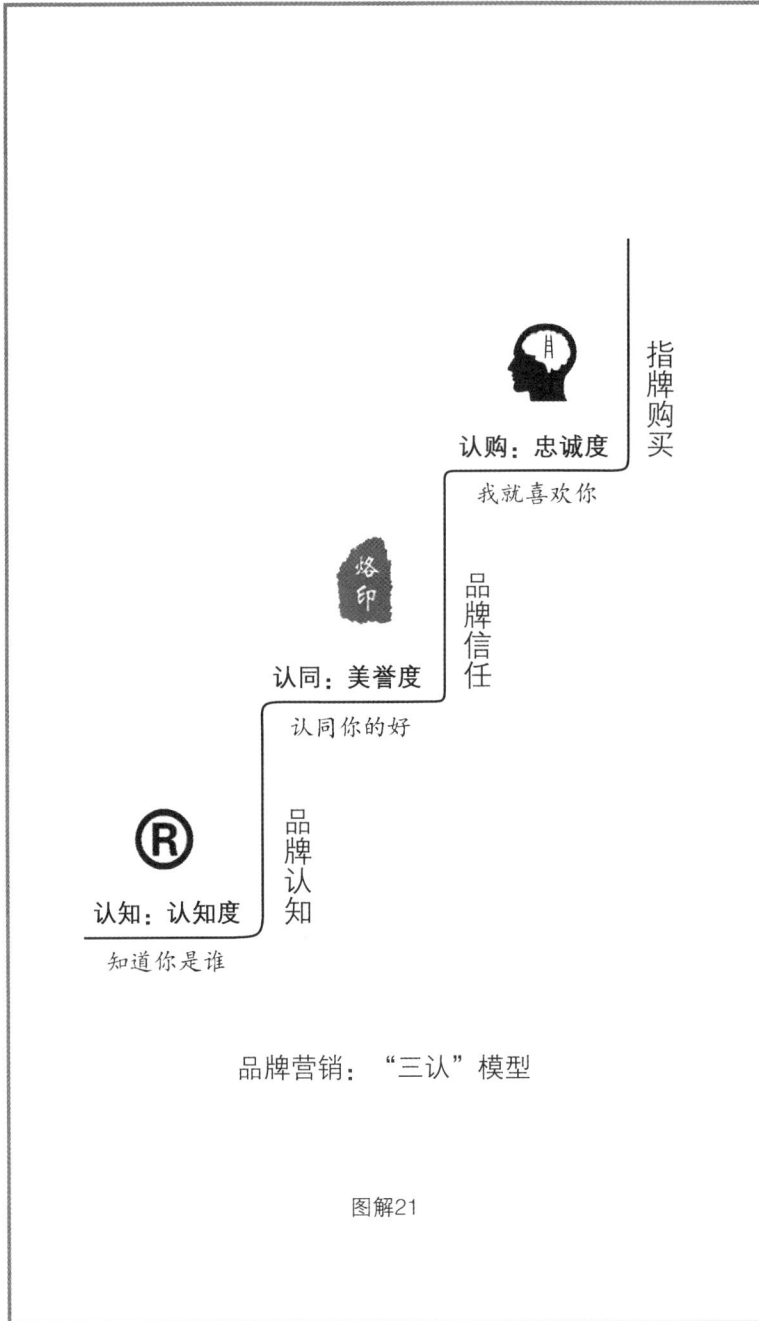

认购：忠诚度

指牌购买

我就喜欢你

品牌信任

认同：美誉度

认同你的好

品牌认知

认知：认知度

知道你是谁

品牌营销："三认"模型

图解21

第四部分　产品管理篇

产品高手是怎样"炼"成的

"正三观"图谱

据统计，80%企业的 CEO 或私企老总都是销售或财务出身，对于这个数据你认为是否可信？另外，如果是真的，那这种状态是合理的还是不合理的？做产品的人是否也想过某一天能成为 CEO？如果打工不成，那是否考虑过自主创业？看到这些问题，是否需要重新定位自己的人生？

自古"隔行如隔山"，但"隔行不隔理"。所以不管是做产品 VP（vice president，副总）还是做公司 CEO，学习做产品的思维和方法论都是极其必要的。

产品学最终是人学，取决于人的智慧和认知。产品人的认知边界决定了产品的边界。所以，要想产品能够持续有竞争力，就要不断寻找和培养产品高手。

那怎样才能培养出产品高手呢？梁宁老师在得到课程《产品思维 30 讲》里讲到，判定产品高手有三个层次：中观、微观和宏观。中观是套路，微观是体感，宏观是视野。

那这三者是什么关系？接下来，用金庸武侠中的"武功"做个类比，说明一下。

武功一般是由"内功"和"招式"组成。比如：打狗棒法就是由"招式"和"内功心法"组成。当然也有例外，如凌波微步。《天龙八部》里的段誉刚开始基本没什么内功，但他会凌波微步，很多武功高的人都追不上他。

再说一个常识性问题，"内功"可以教，也可以传，就像无崖子可以把 70 年的功力都传给虚竹，但"招式"只能教，不能传。

武功的基础是"内功"，"内功"就等于我们现实生活中的力量，就是"微观体感"。可能每个人掌握的武功套路都一样，但是打出去的力度却不同。这个力度的强弱，就取决于每个人的"内功"修为和造诣的高低。

对于武功低的人，就像"江南七怪"，"招式"更重要，因为他们不能靠"内功"直接去伤人，只能靠"招式"上的优势来取胜。但是成为高手之后，"内功"就更重要了。一个"内功"低的人，"招式"再奇妙也打不过一个"内功"高的人。比如：令狐冲和梅庄四友比武，不让对方使"内功"，就是这个道理。"内功"深厚的高手可以做到人剑合一，手中无剑但心中有剑，拈花飞叶皆可伤人。

练会了"招式"和"内功"，只能成为绝世高手，但是要抵挡千军万马，还需要学习兵书战法。

为什么郭靖和黄蓉能够镇守襄阳，抵御蒙古入侵？金庸先生在《射雕英雄传》里面描写过：第一，郭靖在蒙古的战争现实中学习过战术。第二，郭靖看过《武穆遗书》。另外，在清人写的《薛丁山征西》中也描写过这样的故事。主人公薛丁山是王敖老祖的高徒，武艺高强，但为什么破阵还偏偏得靠樊梨花呢？因为薛丁山首要的军事才能是指挥百万大军的正规作战，也就是"中观套路"。各种各样的阵法破解却不是他的强项，也就是不懂"宏观兵法"。但樊梨花则不同，她的师父黎山老母擅长破解各种阵法，樊梨花小时候就已经跟随师父学习各种阵法，这就是宏观的能打大仗的能力，一人能敌千军万马。

总结一下：学会了套路招式，你最多是个江湖侠客；学会了内功心法，你才能成为武林高手；但只有学会了兵书阵法，你才能成为将帅之才。

接下来，从虚拟的武侠社会再回到现实的产品社会。

产品本身就是一个系统，产品系统是以产品为源点，用一定的逻辑把"天网、地网和人网"即"宏观、中观和微观"世界整合起来的复杂结构。先看中观，再看微观，最后看宏观。

一、中观——套路：武功招式

其实，《奇点极简管理》里的四十九个"奇点"讲的大多都是中观套路。学会了这些套路，我们就可以按照这些套路去指导实践。

大公司是学习套路的好地方。一家公司能系统培养某一类人，说明这家公司在这个领域有与众不同的套路。比如：图书行业的世纪天鸿（上市公司）培养中盘商（销售图书的），星火教育培养总发商（策划图书的），世纪金榜培养研发人员（编校图书的）。他们着实为行业培养了大批的人才。互联网行业的联想出销售，腾讯出产品经理，阿里出运营，百度出技术。

所以，大学生毕业去大公司是有价值的，因为套路就是价值。套路就像武功招式一样，是前人总结的有效经验。

但光靠套路成不了高手。套路可以让你更有章法地展现自己，更容易成为系统内按指令行事的公司中层。但是，套路也同时会深深地把你角色化，让你只能作为系统的一个角色，习惯系统内的生存。如果一旦遇到不按套路出牌的对手，你就会一败涂地。

落地到产品上，就体现为如何进行产品规划，如何进行市场定位和产品策划，如何进行产品创新，这都有一定的"道儿"，这个"道儿"就是套路。

二、微观——体感：内功心法

要成为能够自我决策的高手，我们就需要具备第二种能力：微观体感。

用普通人的视角来看，鸡蛋都一样。但是要成为一个伟大的画家，就要不断练习，在最不容易建立观察的地方，建立每一个微小处的觉察。成为天才的一万小时都干了些什么呢？大量的时间是在建立微观体感，累积身体上的真实感觉和体悟，培养眨眼之间的审美和好恶判断能力。

在大公司运筹帷幄也好，决胜千里也罢，拥有了中观套路的人，一定要补足微观体感。否则，说起来都会，做起来都不对。具体说，微观体感就是躬身实践的能力。在实践中逐步积累，不断在"实践→验证→复盘→改进"的循环中积累的经验就是微观体感。通过微观体感再反过来修正或细化中观套路，这样才能把"招式"和"心法"融会贯通，使其威力无穷！

产品管理的核心工作就是策划，这是一套好产品的源点。策划的套路都是相同的，但是不同的人策划出来的产品不同，这取决于每个人对市场的感知不同、对用户洞察的能力不同、对审美的感觉不同以及对细节完美的追求程度不同。所以，产品策划的能力以及对策划趋势的把握，更多地要靠每个策划人的微观体感，而体感又跟每个产品人的思考能力、开悟能力有直接的关系。

三、宏观——视野：兵书战法

什么是宏观能力？就是打大仗和打胜仗的能力。对于产品管理和企业管理而言，宏观能力就是"顶层设计"的能力，就是抓住趋势，俯视行业的宏观视野。

所谓"一将无能，累死千军"。将帅者，就要"运筹帷幄之中，决胜千里之外"。"不战而屈人之兵"才是最高境界。

在战略板块介绍的战略方向，产品板块介绍的产品系统，商模板块介绍的思维模式都是宏观层面的中观套路。

那么，宏观能力具体指的是什么？

如果把它放到时代的空间里，对于时代发展趋势以及经济、政治、文化、法律等环境的把握能力就是宏观能力。

如果把它放到行业的空间里，对行业的政策、法规以及竞争格局和发展趋势的把握能力就是宏观能力。

如果把它放到公司的空间里，对公司的文化（使命、愿景、核心价值观）、战略以及组织、人才等的全面思考能力就是宏观能力。

而把这些宏观的要素按照先后顺序思考清楚并有序组合在一起的结构，就是系统。所以，**宏观能力也就是一种系统的思维能力。具体来说，也可以叫作结构化思考能力。**

设计（策划）与实施（研发）是两大时空。

"设计（策划）是菩萨心肠，是理想主义，是顺守人性，需要高尚。"因为产品即人品，人的价值取向、境界品位决定了其眼光眼界、思维模式，从而决定了产品格局的高下。

"实施（研发）则是霹雳手段，是现实主义，是逆取人性，需要野蛮。"因为实施中面对的是人心人性的贪婪、权欲、趋利避害和急功近利。

产品设计（策划）要靠中观套路和宏观视野，产品实施（研发）主要靠的是微观体感，即执行落地的能力。

产品哲学是一种理想主义，需要 CEO 的宏观格局，需要产品 VP 的中观套路，更需要所有产品人的微观体感。

图谱四：产品创新"正三观"图谱

视野

顾客导向　　　　　　　　　　　竞争导向

宏观兵法

虚
实

道：宏观层
法：中观层
术：微观层

虚
实

中观套路

产品创新套路
乘法
除法　减法

产品策划套路
痛点
痒点　爽点

策划趋势套路
好用
好看　好玩

套路

产品规划套路
长度
宽度　深度

市场定位套路
大众
分众　小众

产品定位套路
低端
中端　高端

产品系统
天网
地网　人网

微观心法

體

心法

悟

奇点 1. 产品系统——三网：天网、地网、人网

请产品人躬身自省：同样做了 5 年或者 8 年的产品，但是人与人的成长路径和速度却不同。有的人成了经理或成功策划人，有的人成了总监或著名策划人，而有的人却原地踏步；有的人用了 1 年就成了主管，而有的人却用了 3 年或 5 年。

这是为什么？

看似大部分是由过程或外部因素导致的，其实本质上，往往在一开始的时候就已经注定了。

在总体上，产品是一个系统。系统思维是综合思维，从理想到现实、从宏观到微观，是一种不可逆的思考逻辑。在策划任何产品之前，都首先要从宏观上思考和定义这个产品。伟大的产品人首先都是一个理想主义者（完美主义），如乔布斯。这也许就是你和他人的核心差距——系统思维。

笔者认为，产品系统就是以产品为源点，用一定的逻辑把宏观、中观和微观的虚与实的要素整合起来的结构。反过来，这个结构所能触及的虚与实的三维网络，就是产品系统。

根据"同字三点"原则，笔者把产品系统归纳为"三网"：天网、地网、人网。

一、天网——产品哲学

《老子》第四十二章说："道生一，一生二，二生三，三生万物。"

"道"是什么？《淮南子》解释："道始于一，一而不生，故分而为阴阳，阴阳合和而万物生。故曰：一生二，二生三，三生万物。""二"是"阴阳"，三是"阴阳合和"。由此可知，"道"就是"爱"，因为有了爱才有了阴阳合和。有了阳（男）阴（女）合和，才有了子（男）女（女）。子女是父母爱的结晶，也是他们最伟大的产品。子女孕育的过程就是产品的孕育过程。没有爱的结晶是可悲的，不会幸福；没有爱的产品，是脆弱的，不会畅销。

产品哲学主要取决于宏观环境的影响，生命科学、婚恋观念、婚育政策、家庭观念和生活条件等。但本质上源于爱，爱是伟大产品和服务的基础，有了发自内心的对用户的爱这个源点，才能为用户做出伟大的产品，才能为用户提供亲人般的服务。

有了"爱"这个产品哲学，试问，还会出现一系列产品安全的事情吗？

二、地网——产品实学

"天网"是形而上的产品哲学（道：形而上者谓之道），那么"地网"就是形而下的产品实学（器：形而下者谓之器）。

哲学如果是决定产品长寿的先天基因，实学就是决定产品长寿的后天培养。如果说"产品哲学"是生儿育女，那么"产品实学"就是对子女的教育。子女这个产品能否长大成人，未来对国家和社会能否有贡献，取决于父母和社会给子女提供的一系列教育的好坏。这里主要分为家庭教育、学校教育和社会教育。在成人之前，家庭教育和学校教育起到了绝对的作用。这也就是中观环境——产品团队和公司环境，对产品的影响作用。

三、人网——产品人学

除了"产品哲学"和"产品实学"外,还需要掌握"产品人学"。因为一切产品和服务都是人设计出来的,所以,不自然地会带有人的属性。是人出于对自己"属性"的表达,才有了千差万别的产品和服务,也才有了用户对产品的千差万别的体验。

如果父母是政客,那多半会希望子女未来也能从政;如果父母是商人,那多半会培养子女经商的逻辑;如果父母是教师,那多半希望子女未来也能教书育人。

产品的成败直接取决于微观的因素,也就是产品人本身的认知。认知的边界,可能束缚一个产品的发展,也可能成就一个产品的辉煌。

"天网恢恢,疏而不漏",用这句话来提醒所有的产品人,在做产品之前,要先上好"产品哲学"这一课。"头顶星空,脚踏实地","产品实学"和"产品人学"也是产品"三网"系统不可分割的组成部分,缺一不可。

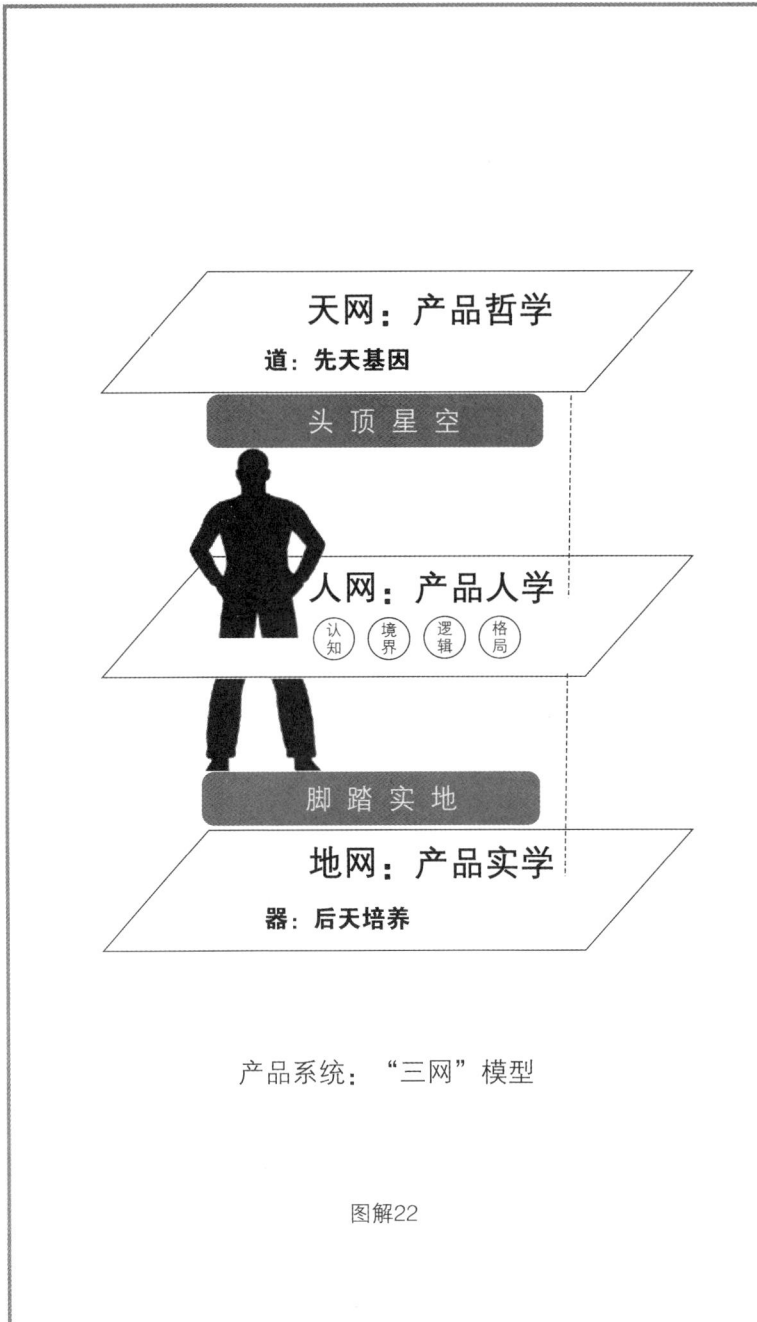

天网：产品哲学

道：先天基因

头顶星空

人网：产品人学

认知　境界　逻辑　格局

脚踏实地

地网：产品实学

器：后天培养

产品系统："三网"模型

图解22

奇点 2. 产品规划——三度：长度、宽度、深度

产品规划是一个企业从初创期走向成长期必然要经历的阶段，也是产品规模化的战略需求。史贤龙老师在《产品炼金术》中为大家提供了智造产品的四种引擎。笔者将它借鉴过来作为产品规划的方法论，并根据"同字三点"原则，概括为"三度"：长度、宽度、深度。

一、长度——顾客结构化

产品线的长度延展，也就是产品的纵向扩充，是很多企业惯常采用的产品规划方法。重点从顾客的结构化入手，主要有两种策略。

策略一：从年龄层规划。中国移动是典型的从顾客的年龄层进行结构化的产品规划案例。中国移动针对用户进行科学细分，推出了针对年轻群体的"动感地带"、针对中年大众群体的"神州行"和部分中年高端商务人士的"全球通"，还有专门满足老年群体需求的"夕阳卡"。

策略二：从利益点规划。宝洁是对顾客利益点进行结构化的经典案例。飘柔、海飞丝、沙宣、伊卡璐分别针对同一人群或不同人群的不同洗发需求与体验设计了不同的产品概念，产品布局实现了对顾客需求的广泛占领，从而也实现了对同一人群或不同人群的市场细分。

二、宽度——品类结构化

品类结构化，重点是从产品线宽度上进行的品类延伸。品类结构化策略有两种，即有效覆盖和内在关联。

策略一：有效覆盖。品类延伸是企业产品线规划的一种自然冲动。可惜的是，因为不懂得品类结构化的运作规则，绝大部分企业的品类延伸都是失败的，如娃哈哈：娃哈哈香瓜子、娃哈哈童装等；茅台：茅台啤酒和红酒；步步高：步步高豆浆机等。品类跨界失败的案例还有：阿玛尼手机，保时捷、宝马个人配饰和服装等。

所以，有效覆盖要避免错误的品类延伸。

策略二：内在关联。基本的消费现实是，单项产品有优势的企业，可以使用户对品类其他产品也产生信赖感，这就是品类结构化的横向贯穿现象。

反面案例：汇源果汁。汇源果汁的核心品种是100%橙汁，汇源应该凭借用户对100%果汁产品的价值认同来强化其在100%果汁、果蔬汁品类中的产品覆盖率。但遗憾的是，汇源为了追求短期销量，延伸了果汁含量在30%及以下的果汁饮料及碳酸果汁饮料等产品。

成功案例：星火英语。词汇、语法、听、说、读、写的"两基础"和"四能力"是各学段学生都要学习掌握的英语技能，只是不同阶段的内容复杂度及丰富度有所区别。星火英语把学生对星火词汇的品类认知成功地扩展到了语法、听力、阅读和写作等横向英语学习品类，实现了产品线的丰满。

三、深度——垂直精细化

针对一个品类，围绕用户的单点需求进行产品和服务的垂直深耕。随着技术的不断升级和用户需求的不断变化，进行品类的更新换代或者开创新的品类。

策略一：**更新换代。**例如：针对同一个品类产品——词汇，可以同时进行纸质书、电子书、动漫、AR 和 VR、电影和微视频等多种方式的产品组合开发，完成对原有纸书的升级换代。

策略二：**开创品类。**例如：针对词汇产品开发 App，这就是全新的品类，这类产品几乎替代和颠覆了电子词典和线下的纸质词典等词汇工具书，而且是基于免费的商业模式，实现了跨界的降维打击。

产品的规划没有定法，可以先纵向做长，再横向做宽，再深度做精；也可以先深度做精，点上突破，再横、纵向延伸，实现规模效益。总之，合适的就是最好的。

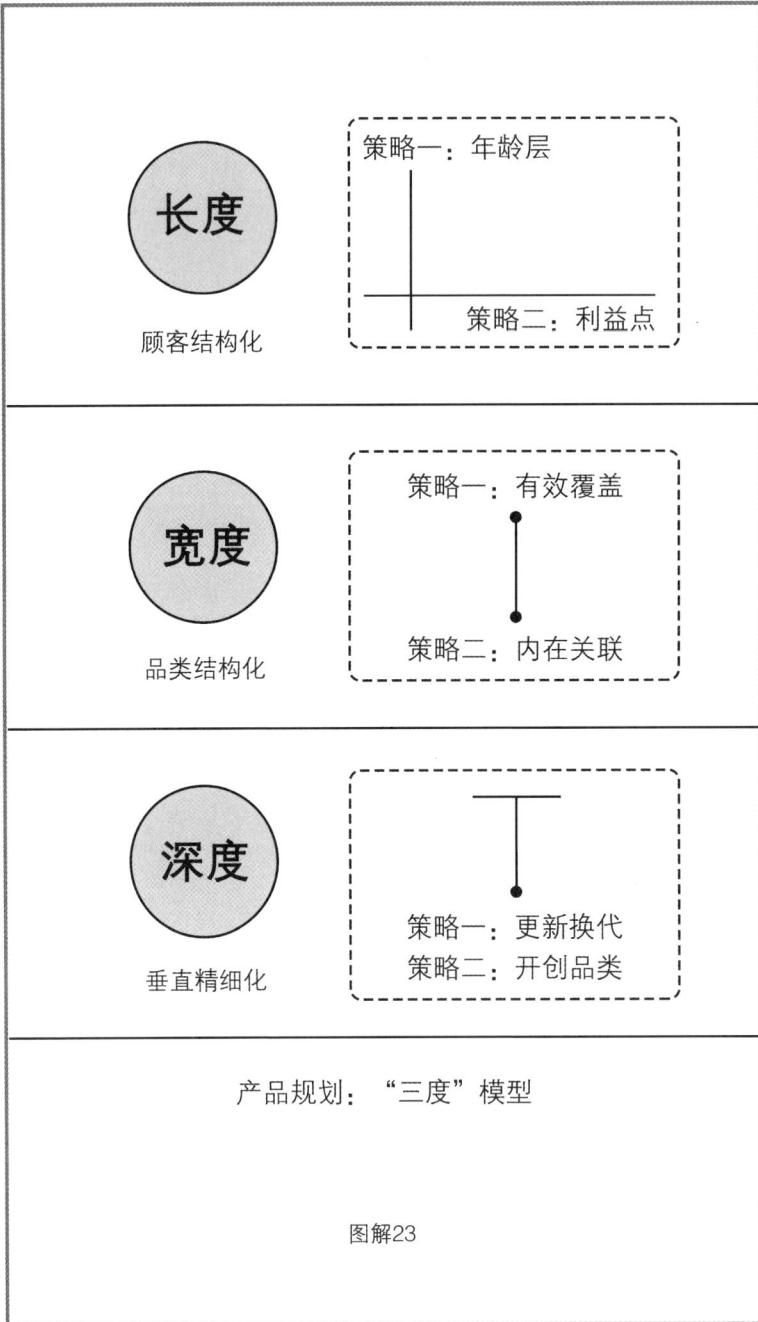

长度

顾客结构化

策略一：年龄层

策略二：利益点

宽度

品类结构化

策略一：有效覆盖

策略二：内在关联

深度

垂直精细化

策略一：更新换代
策略二：开创品类

产品规划："三度"模型

图解23

奇点3. 市场定位——三众：大众、分众、小众

小趋势、非共识、个性化，这是改变商业节奏的三个关键词，老炮儿很不适应。

老炮儿的节奏是：看清趋势，寻求共识，迎合多数。自2013年开始，我们就生活在一个很难找到大趋势、形成共识、把脉大众需求的时代。

这样一个时代，最容易犯的错误可能就是：找不到大趋势，我们却在寻找；没有共识，我们却在期待；没有大众，我们却在回味。

所以，基于此，每一个产品人在正式策划一个产品（含服务）之前，首先要思考产品的市场定位。根据"同字三点"原则，笔者把市场定位归纳为"三众"：大众、分众和小众。

一、大众——广泛需求

广泛市场又称为大众市场，是指企业以相同的方式向市场上所有的消费者提供相同的产品和服务。例如：亨利·福特向市场上推出著名的T型车时，就采用统一的设计和唯一的黑色款式。大众市场定位就是假设用户都是一样的，并且认为每一个人都是潜在用户，试图把产品卖给每一个人。

大众市场发展速度快，市场规模大，需求一致性很高。供不应求是大众市场典型的态势，尤其是初期，只要把产品生产出来，就能很快卖出去。相应地，营销和渠道的重点是，在尽量短的时间内抵达尽量多的潜在用户。

广阔的大众市场并非一马平川，市场连续增长中的陷阱更不易察觉。在高速增长中，如果企业不能跟随市场的变化，错过了产品的更新换代，就会在"供过于求"的变化趋势下，因"产能过剩"而饮恨折戟。

二、分众——中度需求

大众市场的"供过于求"必然会导致产品的低价竞争，这时候企业要想从大众市场获利，已然很难。那就需要开辟新的战场，这个战场就源于对大众市场的科学细分。

科学的市场细分需要满足两个条件：一是细分后的单个市场仍足够大；二是每个细分市场要有足够的不同。

科学的市场细分总是和精准的定位相伴。企业要善于发现市场中的"痛点"和"盲点"。在市场增长幅度减小、产品价格不断下降的大众市场中，专注于科学的市场细分、精准的定位，开发出满足用户需求的产品，是企业寻找新机会的必由之路。

分众市场阶段，产品设计能力，而不是营销或者渠道，成为新的竞争焦点。基于对市场需求的深刻理解做出科学细分和精准定位之后，以低成本、高效率完成产品开发就成为改变竞争格局的关键能力。

三、小众——消费趋势

顾名思义，小众需求就是用户规模很小的需求。小众需求是个相对的概念，一个需求究竟是小众还是大众，取决于参照系。严格意义上的小众需求，主要是在当前的时间点用户数或规模绝对值很少的需求。

1998 年 QQ 推出的时候，中国能上网的计算机只有 54.2 万台，上网用户数只有117.5万——只占当时中国12.5亿人口的0.094%，是个非常小众的需求。但是2019年QQ的用户月活已经超过了7.8亿（2020年的用户月活据腾讯财报显示已有所下降）。

随着经济水平的提升，以及技术创新和行业发展，人们的生活方式会发生变化，当前看来的小众需求，未来可能变成主流，如果能够比竞争对手提前发现这些变化，就能在未来的竞争中占据有利地位。

"小众"和"分众"市场时代，消费不"以己度人"一定是基本思维。不寻求多数共识，只寻找少数人的偏爱。成为少数人的第一选择，比成为多数人的第二、第三选择更重要。所以，需要关注代表未来趋势的"小众"需求。

"大众"已经或正在成为过去，"分众"正在或已经成为现实，"小众"正在或将要成为未来。

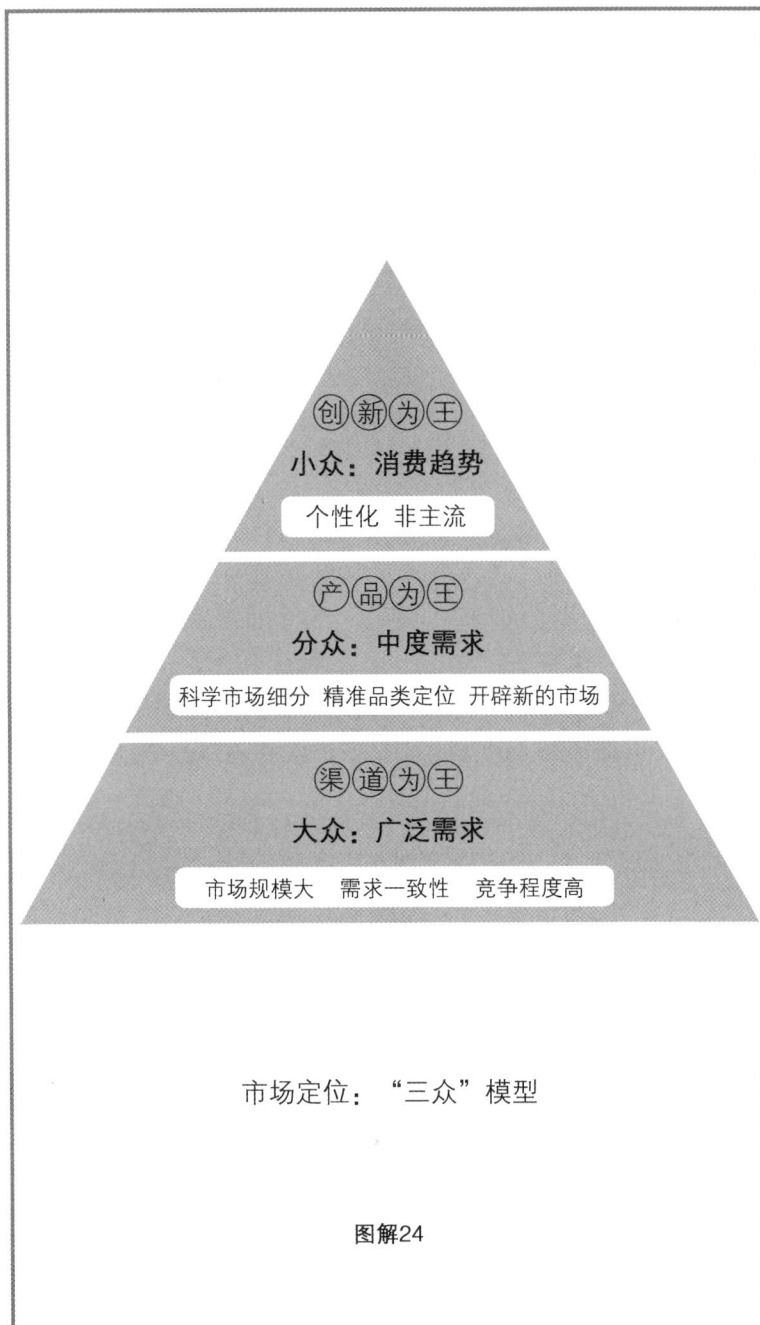

创新为王

小众：消费趋势

个性化 非主流

产品为王

分众：中度需求

科学市场细分 精准品类定位 开辟新的市场

渠道为王

大众：广泛需求

市场规模大 需求一致性 竞争程度高

市场定位："三众"模型

图解24

奇点 4. 产品定位——三端：低端、中端、高端

为何公司所有人都很辛苦，却赚不到钱？为何一直忙忙碌碌，依然痛苦迷茫？为何勇于付出，却一无所获？

"木分花梨紫檀"，产品同样也有相对应的不同消费群体。导致出现上述问题的原因很可能是产品定位不清晰或"定位骑墙"。

什么叫定位骑墙？就是一款产品企图卖给所有人。本来是高端的产品，还企图既卖给高端用户也卖给普通大众。解决定位骑墙问题，要么集中于一个段位，要么实行产品组合策略，但是需要注意一点，切不可犯品牌延伸的错误。

根据"同字三点"原则，笔者把产品定位归纳为"三端"：低端、中端和高端。

一、低端

"低端"就意味着消费水平低，消费水平低是因为经济收入低。这类人群的消费多数是满足基本的物质生活需求。因此，这类人群对商品的质量要求不高，能用就行，消费诉求以实惠为主，如"拼多多"类电商平台能够逆袭，得益于移动互联网的发展和物流体系的成熟，使其迅速占领了三四五六线城市。其实最根本的是因为它们的产品价格低廉，满足了用户基本的物质生活需求。这部分人群不会为了品牌溢价买单，尤其是对于维持日常生活的快消品。这个就是产品定位精准，适销对路。如果这个起点错了，后面就都会错下去。

二、中端

"中端"是从"低端消费"向"高端消费"的过渡阶段。这类人群在经济消费上比下有余，比上却不足。因此，他们既有低端消费的诉求，又有高端消费的渴望，即既要实惠，又要质量。这类人群的消费诉求就是"物美价廉"四个字，必须要同时满足低端跟高端两个诉求。这类产品的成功案例就是小米智能手机，小米主打高性价比，有一部分人群，需要苹果智能手机的产品体验，但是又资金不足，所以就选择小米。小米成功的背后就是这样的产品定位逻辑，因为小米精准地把握了这类人群的消费心理需求。

三、高端

"高端"就意味着消费水平高，消费水平高是因为经济收入高。他们的消费占整个收入的比例很小，因此，他们对价格不敏感，但对质量要求非常高。这类人群，不但要满足物质需求，还要满足精神需求，他们愿意为虚无的品牌溢价付费。

高端消费人群消费的目的已经改变，他们不仅仅停留在产品的功能价值上，还有更高追求的感性价值。当普通大众都坐奔驰汽车的时候，高端消费人群一定就不会再买奔驰了，而是去选择定位更精准，甚至价格更高的小众高端车型，因为这样才能凸显他们的尊贵和财富。

高、中、低三个"端"当中，中端消费是最不稳定的，受经济波动影响最大，消费诉求多；低端消费跟高端消费是最稳定的，因为再怎么低端也要吃喝；高端消费只是占高端人群收入的很小一部分比例，受经济波动影响也不大。

　　高端做品牌，同时满足理性价值和感性价值。中端做产品，能持续提供较高"性价比"的产品才是王道。低端降成本，通过创新商业模式，去中间，直达用户，为用户提供有市场竞争力的低价才是核心竞争力。

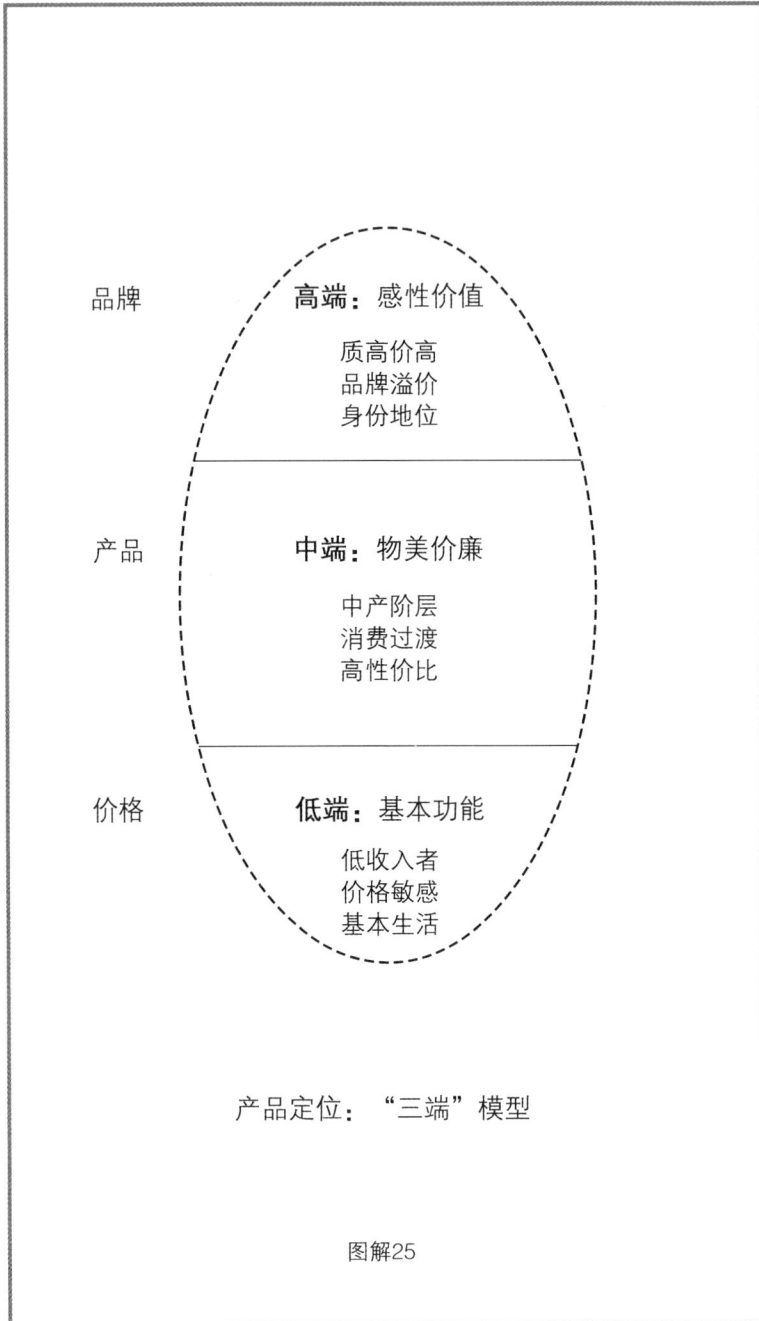

品牌　　　　**高端：**感性价值

　　　　　　　　　质高价高
　　　　　　　　　品牌溢价
　　　　　　　　　身份地位

产品　　　　**中端：**物美价廉

　　　　　　　　　中产阶层
　　　　　　　　　消费过渡
　　　　　　　　　高性价比

价格　　　　**低端：**基本功能

　　　　　　　　　低收入者
　　　　　　　　　价格敏感
　　　　　　　　　基本生活

产品定位："三端"模型

图解25

奇点 5. 产品创新——三法：乘法、除法、减法

什么是创新？创新的定义：个体根据一定目的，运用一切已有资源，生产出新颖、有价值的成果的行为。这里面有两个重要的关键词：一个是新颖，另一个是有价值。

"新颖"：并不是指别人从没想到过的点子，而是别人已经知道，但没有在你的领域应用和实践过的创意。经济学家约瑟夫·熊彼特曾经从企业的角度把创新分成了五类：产品创新、工艺创新、市场创新、要素创新和管理创新。

"有价值"：新奇的东西很多，每个人都有自己的想法，而评估一个新事物是否符合创新的标准，主要看是否对别人有价值。这里的"价值"包含三个要素：

要素一：省钱。微信，省了通信费。

要素二：省时。网约车出行，省了等车的时间。

要素三：体验更好。3D 电影、VR、AR 比 2D 电影有更好的体验。

创新的本质，就在于"创造价值"。任何一种创新，都满足了以上三个要素中的至少一个，如果能同时满足三个要素，将会创造更大的价值。

那么，如何进行创新？一句话，**创新就是元素的重新排列组合。**

在自然界，元素通过组合可以形成各种各样的新物质。

在策划界，元素通过组合亦可形成各种各样的新创意。

如果在组合过程中，能够优选那些冠军要素，再通过有效的组合策略，产生质变，就能产生惊人的创意。具体都有哪些创新的策略呢？

根据"同字三点"原则，笔者把创新的主要策略概括为"三法"：乘法、除法和减法。

一、乘法——复制

乘法策略：对产品的某一部分进行复制，再重新整合到产品当中。乘法策略的核心，是分解完组件后，复制其中的一个组件。

例如：宝洁公司的"纺必适清新剂"就是利用乘法策略的典型案例。

第一步，分解产品，列出产品的组成部分。空气清新剂，其实并不复杂，就是用电热丝，加热一瓶香精。它的主要组成部分是：液态香精、容器、外壳、插头，以及电热丝。

第二步，选择其中一个部分进行复制。用乘法策略来创新，它的核心灵感就是复制其中一个组成部分。宝洁选择了复制"容器"。

第三步，重新组合产品。重新组合后，就得到了两瓶空气清新剂。一瓶除臭剂和一瓶清新剂。这样就可以交替加热，散发香气。其销量几乎是其他空气清新产品的两倍。

二、除法——重组

除法策略：将产品的某一部分分解成多个部件，再用新的方式将它们重新组合，产生新的形式，根据"形式为先，功能次之"的逻辑，接着分析这种新形式带来的好处，倒推出功能。

例如：盒装牛奶是由纸盒、牛奶、不同口味的香料和吸管构成的，如果把牛奶中的香料和吸管组合在一起，这样，只要用不同的吸管就能喝到巧克力口味的牛奶和草莓口味的牛奶了。

例如：以前，人们在登机检票的时候才会打印登机牌，后来才逐渐将这一部分职能分离了出来，从而产生了自助值机；银行的 ATM 机也是同样运用了除法原理。

三、减法——删除

减法策略：把产品中的某一个元素去掉，让剩下的元素成为一个新的产品。不过请注意，删掉的部分应当是产品中必不可少的部分，但又不是最核心和最无关紧要的功能，才能让减法策略发挥最大的威力。比如：把有线耳机的线去掉，就有了无线耳机；把博客文章从不限字数减少到 140 个字，就有了微博；摩托罗拉把手机的键盘去掉，就发明了没有键盘的儿童手机。

不管是哪种策略，套路基本都是相同的，都是按照用户需求的逻辑对产品元素的重新排列组合。只不过乘法策略是复制，除法策略是重组，减法策略是删除。

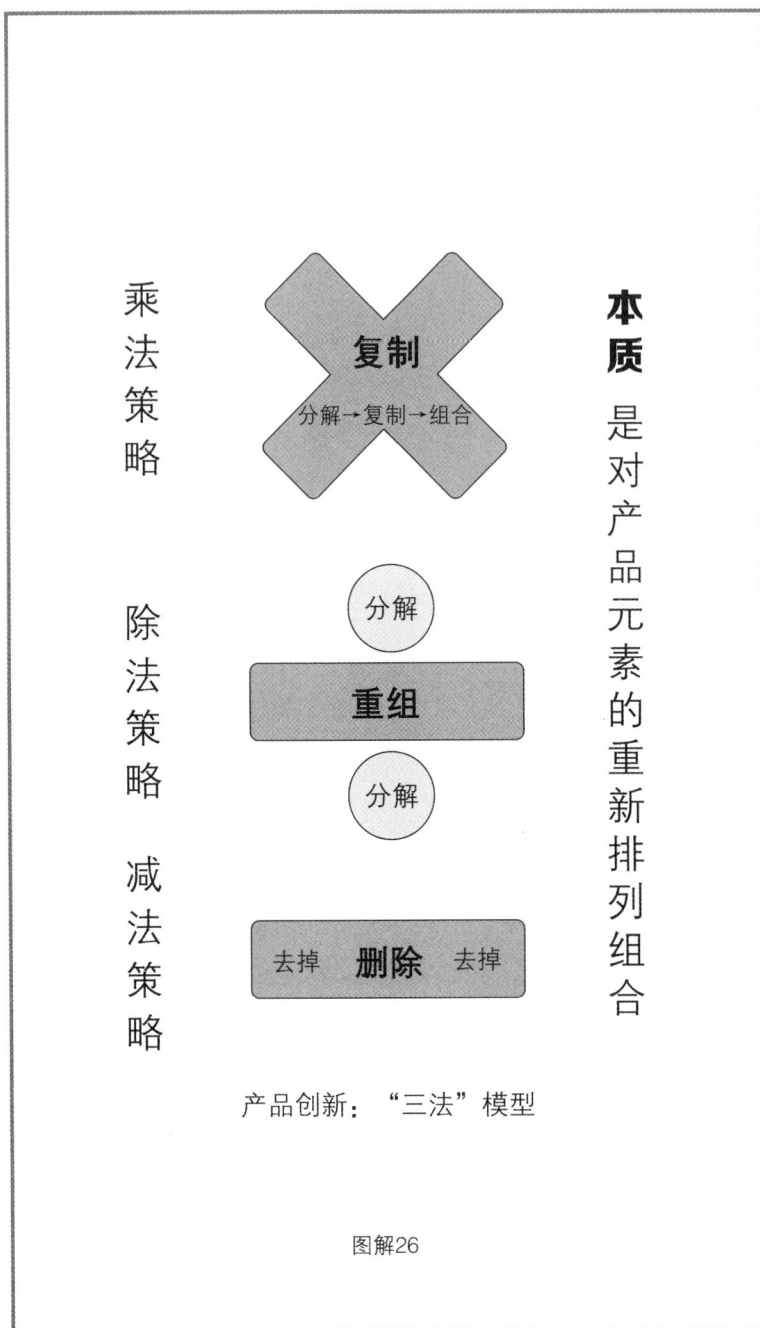

乘法策略　除法策略　减法策略

复制

分解→复制→组合

分解

重组

分解

去掉　**删除**　去掉

本质是对产品元素的重新排列组合

产品创新："三法"模型

图解26

奇点 6. 产品策划——三点：痛点、痒点、爽点

你是否遇到过这样的困惑？被调研的用户，99%都处于"不痛不痒"的状态。当你问他产品怎么样时，一般回答都是"不错""可以""大同小异"。这些回答往往宛如铜墙铁壁一般，挡住了销售人员。这时，用户内心的真实感受，需要深入了解，然后才能够"设身处地"地站在他的立场上来思考问题。这样才有可能在他"不痛不痒"的外衣之下找到"痛点"、"痒点"和"爽点"。

产品策划就是把"痛点"和"痒点"转化成"爽点"的过程。根据"同字三点"原则，笔者把产品策划归纳为"三点"：痛点、痒点和爽点。

一、痛点——用户恐惧

这年头已经过了谈"卖点"和"买点"的阶段，谈产品不说"痛点"，就好像不懂策划似的。

那么，究竟什么是"痛点"？痛点是指尚未被满足的，客户又迫切需要满足的需求。梁宁老师在得到课程《产品思维30讲》中则认为：没有被满足，用户只是难受而已，不能拿用户的难受当痛点。梁宁老师定义的痛点是什么呢？下面用两个广告案例来说明。

海飞丝广告：第一次去女朋友家，肩上好多头皮屑，白花花的，掉在黑色衣服上特别明显，怕被岳父岳母嫌弃，丢面子。

王老吉广告：吃火锅、吃烧烤，怕上火。

这两则广告有什么共同点呢？怕没面子、怕上火。这两个场景的共同点都是"怕"。所以，梁宁老师认为："痛点就是'怕'，换一个词语来表达就是'恐惧'。"

人的需求大致可分为"解除痛苦"和"追寻快乐"两种，痛点一定是解除痛苦那一类的，是用户被压抑的某种需求，是那些让人感到不安、沮丧或难受的事情！

二、痒点——虚拟自我

现在，"痛点"这个词语也逐渐像"卖点""买点"一样正在被人遗弃。随着移动互联网的发展，信息越来越透明，如果有"痛点"存在，肯定很快就会成为公开的秘密，也就轮不到你来解决。因为真相是——你所谓的"痛点"只是一小部分人的"痛点"，那些等你引爆的潜在市场其实根本无感。所以，过度地看重"痛点"，会让你失去真正创新的机会。"美图"就是一个典型案例。目前，各种美图类工具之所以经久不衰，并不是因为用户能够意识到自己有多痛，而是因为用户不断被简单的操作带来的变化挠到痒处，而且被挠了一次之后还期待下次。而这种短暂的快乐甚至成就感是大多数用户之前都不曾想到的。这就是用户的"痒点"。用户感激你，是因为你比他更了解他自己。

那究竟什么是痒点？痒点＝虚拟自我。虚拟自我，就是想象中的那个自己。比如：我们看偶像剧、网文、名人八卦、大佬成功故事……也许并不是在里面学习什么知识，而是一种虚拟自我，是自己内心的投射，是一个理想中的虚拟自我的需求被满足了。

三、爽点——即时满足

爽点＝即时满足。人在满足时的状态叫"愉悦"，人不被满足时就会难受，就会开始寻求满足。如果一个人在寻求中，能立刻得到即时满足，这种感觉就是"爽"。

比如：饿了，在美团上下单，吃的马上就送到家里来了。迷路了，需要导航，高德地图不但指引前进的方向，而且还可以有多种个性化的语音包供你选择。喝醉了，可以让代驾送你回家。这些都是爽点。

再比如：你买了一瓶精油，打开小箱子之后，看到了多件赠品。这种感觉就是"超预期"，就是"爽"。

满足需求是平庸之为，引领需求方是高手之道。超越"痛点"，创造"痒点"，满足"爽点"，产品才能真正引爆市场，笑傲江湖。

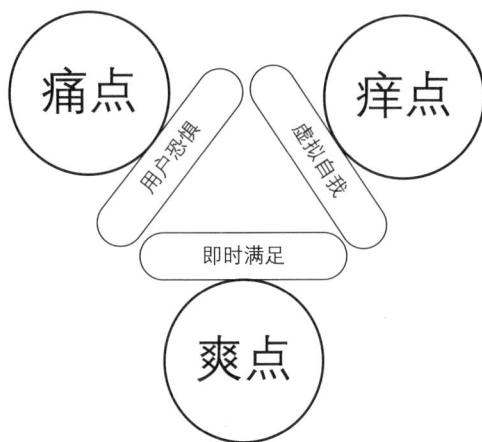

痛点

痒点

用户恐惧

虚拟自我

即时满足

爽点

满足需求是平庸之为，引领需求方是高手之道

产品策划："三点"模型

图解27

奇点 7. 策划趋势——三好：好用、好看、好玩

产品策划是一门很有学问的学问。请所有的产品人问自己三个问题：

问题一：你是否具备跟产品细节死磕到底的工匠思维和对实施环节绝不妥协的"顽固"思维？

问题二：你是否具备置身用户使用场景的换位思维并对用户的体验感同身受？

问题三：你是否具备产品策划的系统思维和把握趋势的前瞻思维？

如果，这五种思维都具备，那恭喜你，你已经是一个合格的产品经理了。

这五种思维中，最重要的是前瞻思维，它需要产品人具备对流行趋势的把握能力和对需求发展趋势的洞察能力，它是产品能够保持持续竞争力的源泉，也是产品与时俱进的关键。

根据"同字三点"原则，笔者把产品策划趋势概括为"三好"：好用、好看、好玩。

一、好用——满足理性需求

"好用"即产品概念。主要从产品的功能诉求出发策划，重点思考产品主要满足用户什么独特的需求。大部分产品人策划产品的出发点都是先考虑满足用户的功能需求，所以，这一点相对比较容易做到。

什么是产品概念？市场上强烈需求的，并与竞争对手区隔开来的独特"买点"。

如何策划产品概念？所有的概念都源于市场细分，所有的市场细分都源于不同的角度，细分的目标就是完成区隔，区隔的目标就是达到第一或唯一，做到"人无我有"和"人有我优"。

随着竞争的不断加剧，产品同质化日益严重，在大部分产品都能满足基本的利益需求的形势下，产品的策划就要向更高的需求层次跨越，即满足精神需求。这也是"产品经济"向"体验经济"过渡的需求趋势。

二、好看——满足审美需求

"好看"也是一个产品概念，但是这个概念是在满足了"好用"概念基础上的叠加，如果独立使用，很容易给用户留下徒有其表、华而不实的坏印象。所以，"好看"是一种更高级别的需求，是在"核心产品"基础上，满足了用户对"期望产品"的需求。

爱美之心人皆有之。审美是一种内在感受，是心灵活动过程中对事物的感觉。

人是视觉动物，对外观的观察理解源出本能。苹果公司首位投资人马尔库拉早年教导乔布斯，人们会根据封面来评判一本书的好坏。于是，乔布斯回归苹果公司后，把审美元素引入苹果公司的产品。所有的苹果用户都享受这种感觉：打开漂亮的盒子，外表精致、浑然天成的产品总是迷人地静躺在里面。

三、好玩——满足自我实现需求

　　未来的一切行业都将是娱乐业。现在的用户更喜欢好玩的、有趣的产品。00后的用户，选择一款产品可以不看品牌，不看品质，只要喜欢就好。这种莫名其妙的喜欢里就包含"好玩"。"好玩"的概念将是产品创新和未来产品发展的一种重要趋势和核心驱动力。比如：教育产品。很多教育机构把"乐学"作为教育理念，这是非常正确的方向。全社会都希望学生能在快乐中学习，在快乐中成长。如果每天打着游戏，成绩就能提高，那是不是学生都愿意学习了。所以很多教育产品把"打怪升级"作为核心卖点和产品设计逻辑。

　　策划趋势的改变本质上其实是思维的改变，即从"工具思维"过渡到"玩具思维"。用户需要的是墙上的"洞"，电钻只是工具而已。所以，在设计产品时，如果既能满足核心需求，又能有美感体验，还能给用户带来愉悦，一定是一个伟大的产品。

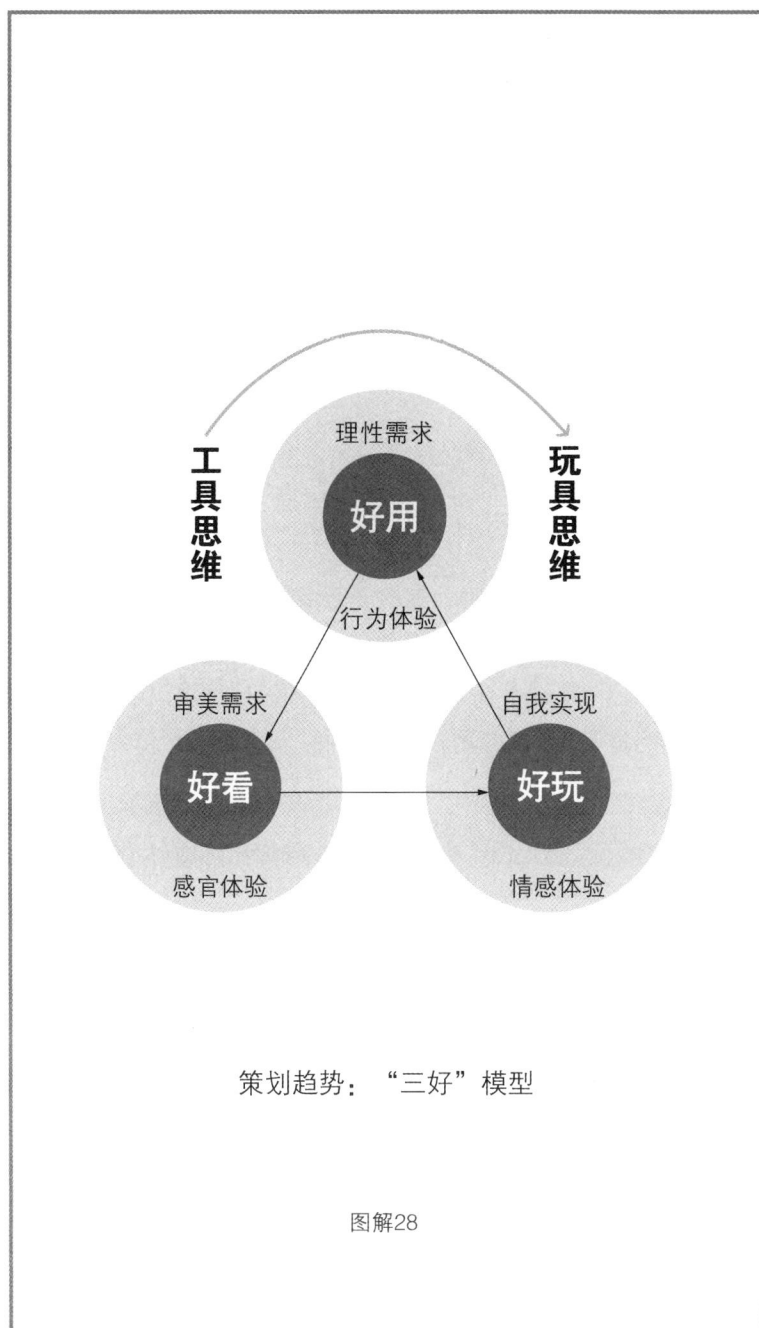

策划趋势："三好"模型

图解28

第五部分 营销管理篇

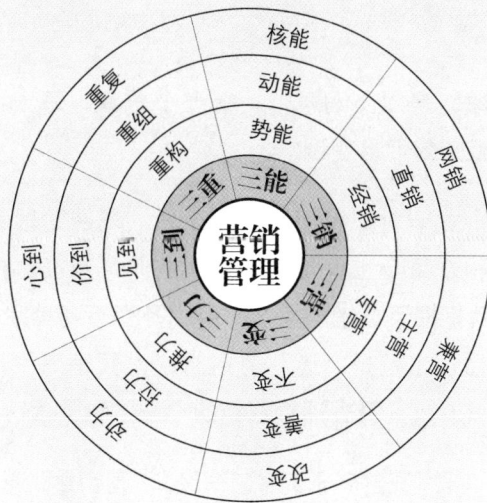

营销管理

三能：核能、动能、势能

三销：网销、直销、经销

三营：营政、营事、营主

三金：金收、金景、金业

三化：化恶、化习、化弊

三到：见到、价到、心到

三重：重构、重组、重复

营销高手是怎样"炼"成的

"塔级"时空图谱

当今，商业世界的竞争不再是局部优势的竞争，而是企业综合能力的竞争。营销能力就是企业的核心竞争力之一，只是不同的发展阶段，企业的营销竞争模式不同而已。

初级阶段：是"独奏"，只要一支箫或一支笛，就能吹出动听的音乐。

发展阶段：像"二重唱"或"大合唱"，需要讲究局部的整齐划一。

成熟阶段：是"交响乐"，每一个乐章、每一种乐器，都不能偏废，否则就容易变调。

标杆型企业一般都经历了初级阶段、发展阶段和成熟阶段三个发展过程，每个过程都有其基本的阶段特征。把握了这个基本特征，就把握了营销的本质。所谓万变不离其宗，"宗"，是宗旨、本质，也就是"道"。要想成为营销高手，首先要把握好营销的"道"，再去探索营销的"法"和"术"。

"道、法、术"源自老子的《道德经》，营销之"道、法、术"，指的是什么？它们三者之间又有什么关系？

道：是本质、规律，属上层，是战略选择，如产品定位、商战模型。

法：是法理、方式，属中层，是策略模式，如渠道策略、营销模式。

术： 是技术、手段，属下层，是战术执行，如渠道选择、营销推广。

一、营销之"道"——战略选择

营销之"道"就是战略选择。在营销执行之前，先要进行产品定位，即产品是什么？能给用户提供什么价值？

产品之道就是为用户创造价值，营销之道就是为用户传递价值。

创造价值是产品创新的职能，传递价值是市场营销的本分。*海尔做冰箱是创造价值，苏宁卖冰箱是传递价值。*

落实到具体传递价值的策略，无外乎就是信息流、资金流和物流的"三流"合一。无论是实体店的销售、线上电商的零售，还是目前新出现的物种——新零售，其底层商业逻辑都是"三流"的不同组合。

那么明确了营销之"道"，还要再谈谈营销的战略选择。确定了产品的定位之后，就要根据企业所处的市场地位来选择商战模型。

艾·里斯和杰克·特劳特先生合著的《商战》一书中介绍的四种战略模型源于《战争论》。两位大师表示：选择哪一种战略是由你所在竞争领域（行业或品类）的地位和实力决定的。一般来说，在 100 家公司里只有 1 家应该打防御战，2 家打进攻战，3 家打侧翼战，剩下的 94 家都应该打游击战。当然，这个数字不是绝对的。

（一）防御战：是抗击敌人进攻的战役，是领导者所采用的战略。三大原则是：

原则一：有资格打防御战的只有领先者，这个领先是在顾客心智中领先。

原则二：最好的防御策略是进攻自我。本质上就是自我升级，更新人们对你的认知，成为一个移动的靶子，不断甩开竞争者。如果没有自我升级，就会出现"坡顶效应"，这样人们对你的认知就会固化，你就要开始走下坡路了。

原则三：要时刻准备阻止进攻者的强大营销攻势。举个反例：在 2011、2012 年小米手机在中国开始迅速推广的时候，当时市场领先者 HTC、酷派、联想这些品牌没有及时阻击，等小米做大了以后，它们再想阻击已经来不及了。

（二）进攻战：进攻战是四种战略模型中最刺激的，因为它是要和领导者真刀真枪地正面交锋，所以只有离领导者距离比较近的时候，才能发动进攻战，长途奔袭就没法打进攻战。三大原则是：

原则一：重点考虑领先者强势中的弱势。强势的对立面就是弱势，世间万物阴阳相生、难易相成、高下相倾，有强势必有弱势，有阳光面必有阴暗面。

原则二：要找到领先者强势中蕴含的弱势，而不是在现有的弱势中找。比如：可口可乐是经典的、正宗的，父辈们一直在喝的可乐，这是它的强势。那它的弱势就是它同时也是传统的、落伍的、老土的。

原则三：在尽可能狭窄的阵地上发动进攻。这是为了取得兵力优势，也是为了加快进军速度。

（三）侧翼战： 侧翼攻击是商战中最具创新性的方法，是大部分中小企业都可以采用的战略模型。三大原则是：

原则一：应该在无人竞争的地区展开。这本质上就是开创一个新品类或者占据老品类的一个重要特性。打侧翼战要远离领先者的腹地，在边缘地带展开，蚕食领先者不那么在乎的地方，这样就不会引起领先者的激烈反击。

原则二：战术奇袭应该成为计划里的一个重要组成部分。打侧翼战就是打时间差，从侧翼进攻，因为侧翼不是领先者的主要前进方向，他要转身迎击是需要时间的，所以侧翼进攻行动要迅速，要充分利用好这段时间。

原则三：追击同进攻本身一样重要。如果不乘胜追击、穷追猛打，赢得的时间就会失去，被攻击者就会转过身来，进入正面作战，侧翼战变成了阵地战，这时候你的胜算就很小了。所以在侧翼战当中，追击是非常重要的。

（四）游击战： 作为一个初创企业，相较于那些已经到达山顶的领先者而言，你这时候在山脚，只能在山脚下甚至最好到山谷里好好地经营一块根据地，顺利走完从 0 到 1 的这段历程，不要想太多。三大原则是：

原则一：找到一块细分市场，要小到足以守得住。游击战的目的是尽量缩小战场以赢得兵力优势，换句话说，就是要成为小池塘里的大鱼，如劳斯莱斯，就是一个典型的游击战案例。它做超高端汽车，这个市场在全球也就几十亿美元的规模。

原则二：不管多么成功，也不要让自己的行为像一个领先者。打游击战要追求进击的速度，而不是稳、大、全，应该尽量做到将全部人员投入前线，不留任何非战斗人员。游击战一旦失去速度，就很容易被大鱼吃掉。

原则三：一旦有失败迹象，随时准备撤退。

这四种战略模式，企业需要严格根据自己的市场竞争地位慎重选择。

那么，明确了营销的"道"，再看看营销的"法"是什么？

二、营销之"法"——营销模式

营销之"法"，就是方法论，也就是产生"方法"的"方法"。既然是能产生方法的方法，那就具有了可复制、可再生的功能。具体落实到营销之法上就是"模式"。

营销模式就是营销元素（4P：产品、价格、渠道、促销）的分化与组合之道。在本板块的具体"奇点"中，会以"同字三点"的模式具体阐述"渠道结构"、"渠道选择"以及"营销模式"的落地，在这里只介绍"营销模式"的作用以及"营销模式"创新的方法论。

营销模式是成为营销高手的必杀技。因为营销模式是方法论，是复制营销精英的方法，是复制营销团队的方法。

营销模式就是将企业有效的营销方法和经验程序化、标准化、普及化，再建立企业的培训和复制体系，就可以实现让平凡的业务员创造出不平凡的业绩。营销模式的精髓在于能够做到标准化，能够迅速复制，这样就能迅速地开疆拓土，连锁扩张。尤其是连锁企业，都是在根据地市场摸索出一套成功的模式之后，再迅速地复制到其他市场。能够不断地进行营销模式的创新并不断复制营销模式的人，才能称为营销高手。

那么，营销模式如何进行不断地创新呢？

产业社会的竞争其实只有两个原则：要么为顾客提供更多、更新的价值，要么比竞争对手更有效率、更低成本。营销模式的创新与重构也必须回到这两个落脚点，这也是企业营销的基点——顾客＋竞争。

在菲利普·科特勒的经典营销理论中，顾客让渡价值最大化理论阐述的就是这个原理。顾客不是简单的价格敏感型，而是价值敏感型，会按照自身让渡价值最大化的原则来选择。哪家企业能够给顾客提供的让渡价值越大，其竞争优势就越明显，其溢价能力也就越强。所以，企业不能给顾客提供更多让渡价值时，就只能打价格战了，赢利就更加困难。

所以，营销模式创新，与其他经营模式或商业模式创新一样，就是要找到提高顾客让渡价值的源泉和方法。在提高客户总价值方面，就是发现并聚焦于目标顾客现实或潜在的刚性需求，以进行产品和服务的设计与组合，同时要注重有效传播与互动沟通，提升品牌形象，以提高顾客的价值感知；而在降低顾客总成本方面，主要是围绕目标顾客的消费行为来优化产品交付、信息查询、服务提供等环节的便利、快捷与可靠性。可以说，一个成功的营销模式就是在这两方面或至少一个方面做到卓越。

了解了营销之"法"，那营销之"术"，又如何落地？

三、营销之"术"——浑身解数

"以术入道，以道驭术。"在尊重客观规律的前提下去施展浑身解数以达成传递价值的目的。"浑身解数"是指所有的本领，全部的技术手段。"不论黑猫白猫，抓到老鼠就是好猫。"

所谓，"兵无常形，水无常势"，"将在外，君命有所不受"，"让听得见炮声的人来做决策"，都是这个意思。因为市场是瞬息万变的，用户是善变的，竞争是惨烈的，所以，在"术"的层面就要灵活。但前提是"以道驭术"，在不违背营销战略和市场规律，不违反企业价值观的前提下，可以采取灵活、快速的行动方案。

叶茂中在《营销的 16 个关键词》中说："营销不是单纯地卖货，而是去研究人的心理，说到底，营销是一场游戏，该认真认真，该混蛋混蛋。"因为客户是善变的，营销的本质就是研究"人变"的哲学。渠道的竞争情况也是变化无常的，所以要灵活运用渠道策略，充分发挥"三力"的作用，把"推力"和"拉力"充分结合起来，当然根本的还是要调动渠道自身的"动力"。

营销高手是怎样"炼"成的？

掌握了营销的"道""法""术"，就真的成了营销高手了吗？还不行，除了"道""法""术"，还有一样必须做到：就是否定自己！

人真正的进步往往比蛇蜕皮都难，是一个非常痛苦的过程。越是高手，手里握的东西就越多；东西越多，就越舍不得扔；越舍不得扔，就越不可能拿到更好的东西。

所以，如果想成为真正的高手，最需要具备的就是否定自己的勇气。敢于否定而不是自鸣得意，是成为绝顶高手的标志。只有到了这一步，人生才能有无限的空间。

其实学营销就像学佛，初学者叫"佛在眼前"，觉得营销是件简单的事情，一看就会。干了几年后，发现不懂的东西还挺多，这叫"佛在大殿"，这时候开始对营销这门学问有了敬畏之心。真正入门之后，才发现"佛在西天"，十万八千里的取经路，九九八十一难的向佛心，慢慢修炼吧。

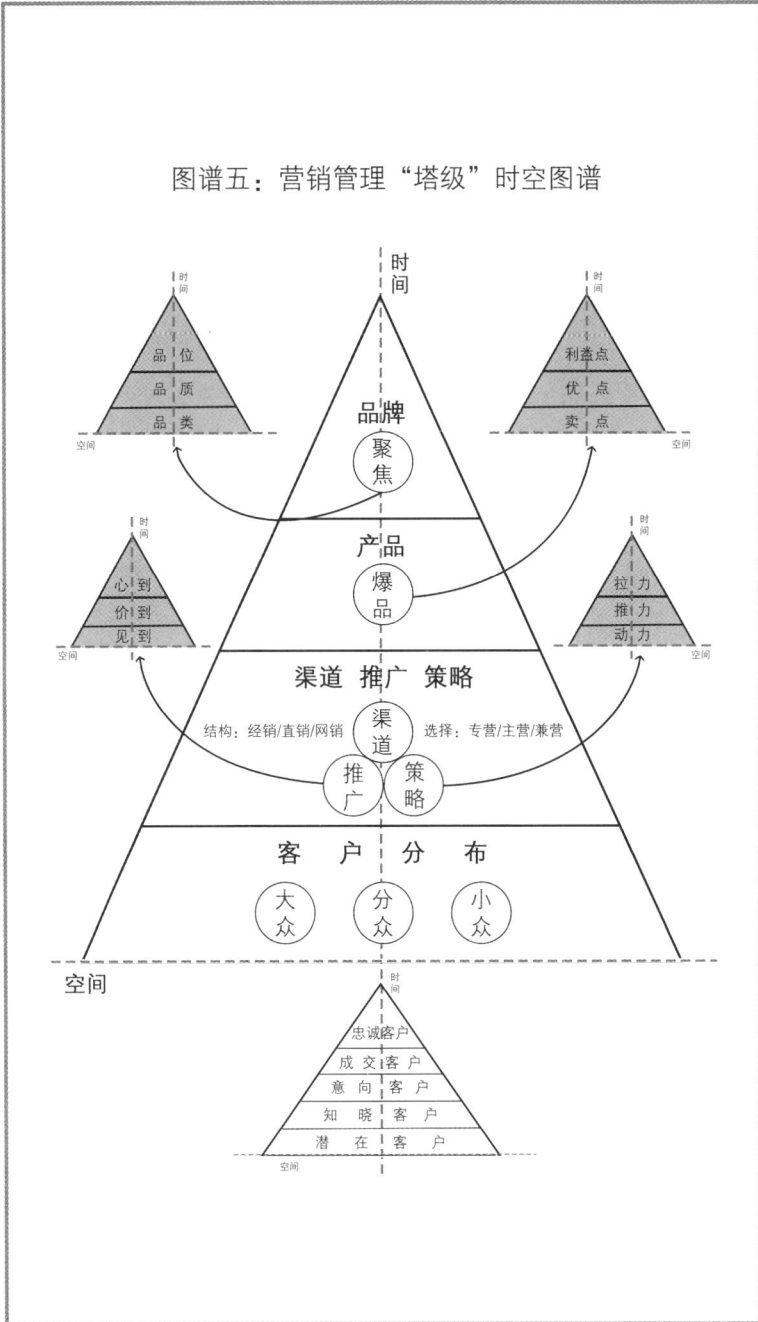

图谱五：营销管理"塔级"时空图谱

奇点 1. 营销制胜——三能：势能、动能、核能

想象一下，一个人正在推着巨石上山，把千钧之石推上万仞之巅，然后在最高点一把推下去，是不是就具有了强大的势能。假设中间没有阻力或者山坡足够大，山足够高，是不是就具备了一直滚下去的动能。如果这个巨石里面装的是核弹，那是不是又具备了核弹的威力，我们说它又具有了核能。

做营销是一样的，如果有一个自带"势能"的产品，再加上顺畅的渠道来减少通路的阻力，就把"势能"转化成最大的"动能"，获得尽可能多的用户覆盖。然后再用营销手段放大产品口碑，形成粉丝的爆炸效应，又具有了"核能"的威力。

根据"同字三点"原则，笔者把营销制胜的三大法宝概括为"三能"：势能、动能、核能。

一、势能——产品静销力

势能营销指的是通过提高产品的势能，使顾客对产品形成并保持高度吸引力过程的一种营销活动。

只有我们把产品的势能不断地提高，它才能够滑得更远。而营销只是减少产品滑动阻力的一种手段，它并不能决定产品能滑多远。

那如何提高产品本身的势能呢？通俗地理解，就是把产品这块巨石推得越高越好。产品的系统创新、产品独特可感知的卖点提炼（USP：独特销售主张）、作者的权威性、产品的高品质、高性价比、靓丽的产品包装，这些都是产品所积蓄的势能，

决定了它最高可以达到的销售量级。

有势能的产品会自带粉丝、自带流量，会自己牵引客户前来购买。

有势能的产品自己会说话，会自我表现，会展示自己的魅力。要么通过独特的品相，要么通过信任状的描述，要么通过独特的能够引起读者共鸣的品名……凡此种种，都是增加产品势能的方法。有了自带势能的产品，营销就成功了一半。

二、动能——营销推广力

人在山顶一推，巨石开始下落，势能开始释放。严格地说是重力势能开始释放，但是随着离地面越来越近，重力势能也会越来越小。如果能够减少巨石下滑过程中所遇到的阻力，那么也能适当减少重力势能的损耗，但最终还是要损耗殆尽。这就需要给产品注入二次动能，这个动能就是通路上的辅助工具，如渠道的选择、产品的陈列、广告、公关、线下活动、热点营销、加入行业协会等，都是为了提高客户对产品的优先选择概率，都是加速产品跟客户见面的推力。给产品注入二次动能，它还能在平地上多滚动一段距离，接下来就是真正静止的状态。产品在地面上所滚过的长度和宽度的乘积就是它所能辐射的用户人群。

接下来，再传播就只能靠产品本身蕴含的能量——核能，就是客户使用后的产品口碑。

三、核能——口碑裂变力

什么是口碑？刘润老师在《5分钟商学院》里定了一个标准，叫"忍不住发朋友圈分享"。刘润老师举了一个他孩子参加远程英语培训的例子。他带着孩子试听完课程后，觉得很有意思，他发现孩子很喜欢，效果也确实不错。于是，刘老师就"忍不住"拍了一张照片，分享到了朋友圈。"忍不住"这三个字非常重要。

刘老师的微信里有几千个好友，很多都是他的企业家学员、各大公司高管、业内知名人士、商界大咖和领军人物。所以，他分享产品非常慎重，因为这代表他的信用，但是这一次他没忍住。这就是口碑营销。

口碑营销就是要制造这种让用户"忍不住"分享的爆点，然后再让这个"爆点"裂变，一传十、十传百，爆点核聚变，用户千千万。

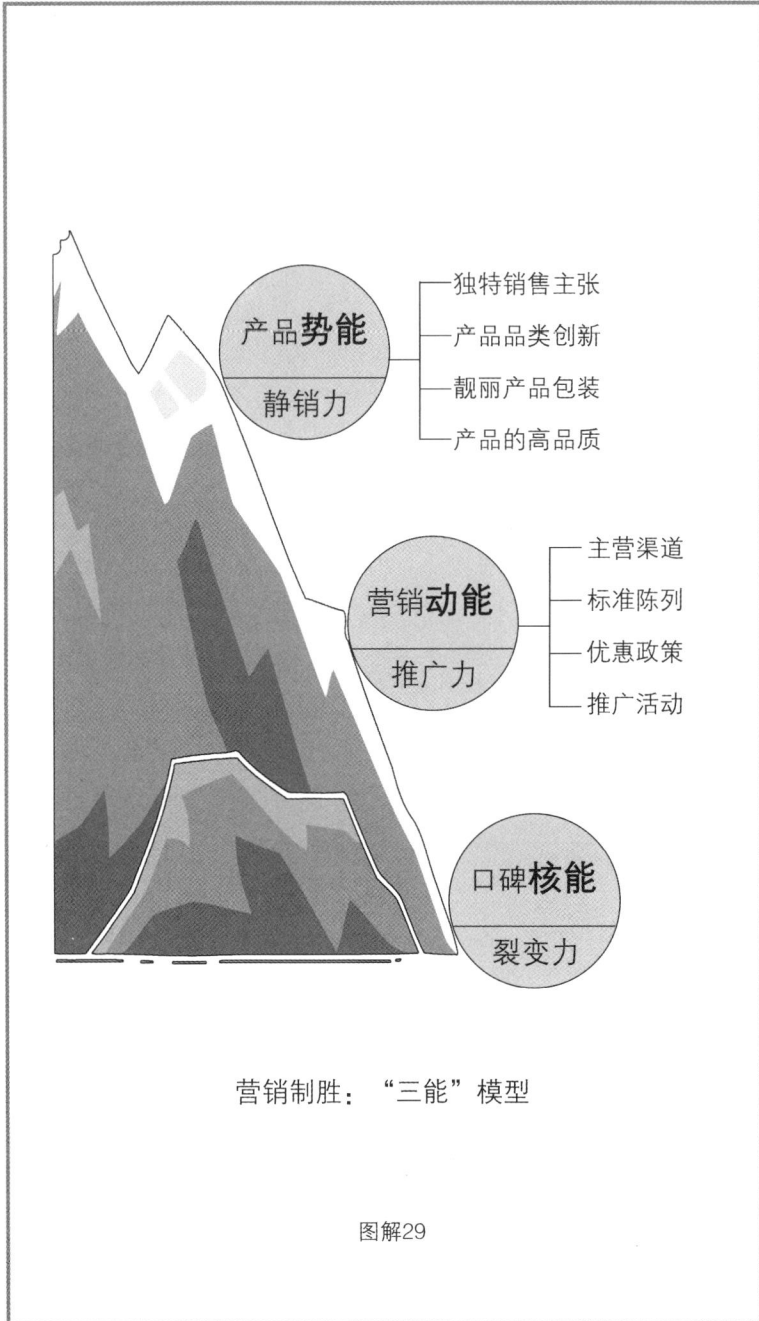

产品**势能**
静销力
— 独特销售主张
— 产品品类创新
— 靓丽产品包装
— 产品的高品质

营销**动能**
推广力
— 主营渠道
— 标准陈列
— 优惠政策
— 推广活动

口碑**核能**
裂变力

营销制胜："三能"模型

图解29

奇点 2. 渠道结构——三销：经销、直销、网销

企业之间的竞争，很大程度上是企业营销系统之间的竞争，其中，营销渠道是通往成功的必经之路。"要致富，先修路"，要做好市场，必须建设好营销渠道。市场如同人的肌体，渠道是血管，只有血液通畅了，肌体才能强壮。

市场是由横向的面和纵向的线组成的。任何一个产品要推向市场，首先要构建纵向的线，即营销渠道。如果营销渠道没有构建好，市场的面是展不开的。

那什么是营销渠道？渠道（英文为 channel），通常指水渠、沟渠，是水流的通道。后被引入商业领域，全称为分销渠道，指商品所有权从生产者手中转移到消费者手中所经过的路径。它是由一定的组织、流程和结构组成的。

那么，分销渠道是由哪些结构组成的呢？

在传统的制造经济中，分销渠道主要有两大结构模式，即经销和直销。现在随着互联网和移动互联网的快速发展，网销又逐步在冲击着线下的传统渠道。网销的本质是"去中间"，是一种创新的直销模式。为了引起大家对网销渠道的重视，现特别将其独立出来，跟经销、传统直销并列为三大渠道。

根据"同字三点"原则，笔者把渠道结构归纳为"三销"：经销、直销、网销。

一、经销

中国市场，地大人多，居住分散，山地多平原少，40% 的人口分散在广大的农村，需要通过成千上万个区域市场经销商

来完成产品的分销，所以"经销"对于市场尤为重要。

那什么是"经销"？经销是企业或个人为另一个企业或个人按照双方所签订的经济合同销售商品的经济行为。

那么，制造商和经销商之间是一种什么关系？要了解这种关系，首先必须明确两者的合作模式定位，是做一笔生意的临时合作关系，还是长期的战略合作关系？

第一，结合阶段。 这个时候，制造商和经销商的关系属于初步合作阶段。产品把两者结合起来，制造商通过经销商完成产品的销售，经销商通过制造商的产品为用户提供价值。厂商关系松散，只是简单的、短期的买卖关系。

第二，组合阶段。 在初步稳定关系的基础上，制造商协助经销商建立二批网络，协助经销商做终端销售和服务。已经在发挥 1+1 = 2 的组合作用。

第三，融合阶段。 通过多年的合作与经营，市场比较成熟，分销渠道比较稳定，两者之间的分工趋于合理。制造商给予经销商充分的支持，经销商通过比较稳定的分销和有效的管理能够较好地维护市场，企业将市场放心地交给经销商去管理。两者已经深度融合，其中的融合剂就是品牌。典型案例就是以娃哈哈和康师傅为代表的深度分销的三级渠道网络。

二、直销

"直销"是制造商不经过中间商直接把商品销售到顾客手中的销售模式。其本质就是"去中间商"。

直销又分为两种：一种是制造商直接面对终端零售商，另一种是制造商直接面对终端消费者。可以说，直销是分销渠道升级的终极模式。

直销实际上是将产品的部分利润从经销商、分销商、广告商处转移给销售终端或者直销员的一种经营形式。直销适用于城市运作或公司力量能直接触及的地区，推广力度大，对价格和物流的控制力强。典型案例就是传统的安利、雅芳。

三、网销

网销主要指以互联网或移动互联网为载体的销售形式及行为。网销是建立在传统交易之上，有买卖才能形成销售，利用互联网进行的各种销售活动，利用网络平台载体，依附网络营销、传统物流等达到销售的目的。

网销其实质是利用互联网对产品的售前、售中、售后各环节进行跟踪服务，它自始至终贯穿于企业经营的全过程，是"直销"的最新形式。典型案例就是天猫和京东等 B2C 平台模式。还有互联网公司，如二手车直卖网。

经销、直销和网销结构不是孤立存在的，一个企业可以集中采用一种模式，也可以三种模式组合使用。尤其是网销，是大势所趋，提前布局，对企业应对线上的冲击，抵抗经营风险，有很大的帮助。

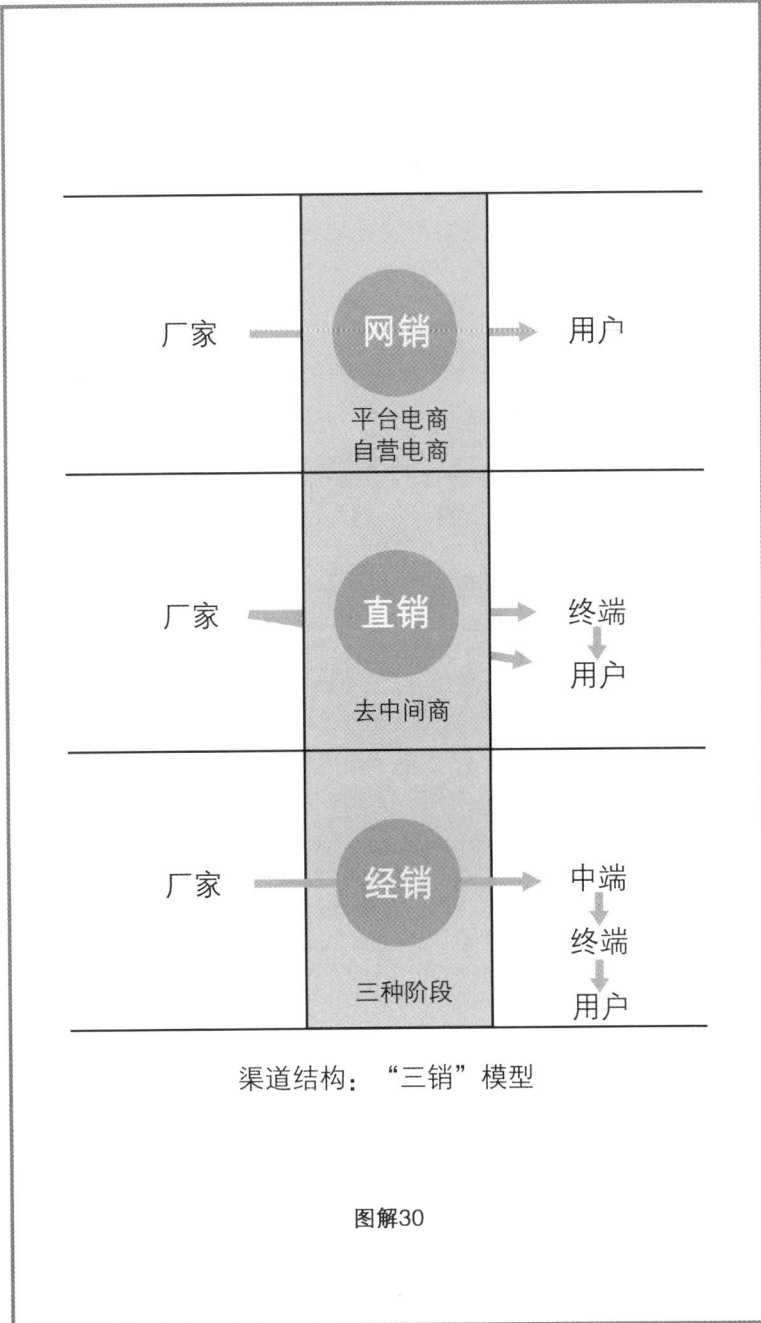

厂家 → 网销 → 用户

平台电商
自营电商

厂家 → 直销 → 终端
用户

去中间商

厂家 → 经销 → 中端
终端
用户

三种阶段

渠道结构："三销"模型

图解30

奇点 3. 渠道选择——三营：专营、主营、兼营

无论当前的互联网世界如何认同"产品为王""用户为王"的理念，都不能掩盖"渠道为王"的事实。因为渠道在价值传递的过程中扮演了非常重要的角色。产品和服务是提供价值的载体，渠道是传递价值的通路。有好的产品，不能送到用户的手里或者没有给用户提供获取的途径，那么，产品和服务也就失去了价值。所以，产品和渠道是企业的左脚和右脚。光迈左脚走不快，光迈右脚走不远。这也是产品和渠道的关系。

根据"同字三点"原则，笔者把渠道选择归纳为"三营"：专营、主营和兼营。

一、专营——一心一意

什么是专营客户？一般是指专门经营某一类或者某一种品牌商品的客户。通俗来理解，专营就相当于现代婚姻的"一夫一妻"制。这个客户在这个品类里只代理你的产品，没有同时代理其他任何和你产生竞争的同品类产品。这样，这个客户在利益上就跟你绑在了一起，和你是利益共同体，一损俱损，一荣俱荣。在产品的销售上，他也会不遗余力，因为没有退路。他只有一心一意把产品销售搞好，才能获取更大的利益，这种合作模式就叫作专营渠道模式。典型案例就是品牌加盟连锁模式，如麦当劳、真功夫等连锁快餐，即属于这种"一夫一妻"模式，他的心里和眼里只有你这一个"妻子"，赚了钱除了自己留点儿私房钱之外，都要上交给你。

那么，什么样的企业适合采用专营渠道模式呢？如果是初创

企业，产品没有品牌影响力，或者是强势企业推出的同质化的跟随产品，那么就建议采用"专营"模式，即找一个同样的相对有竞争力的初创型企业，让他跟你的利益绑在一起，破釜沉舟、全力以赴，会增加成功的胜算。

二、主营——三心二意

什么是主营客户？一般是指把某一类或者某一种品牌商品作为经营主体的客户。通俗来讲，主营就相当于"一夫多妻"制，你是大老婆，管理"三妻四妾"。客户经营上以你为主，以其他同类产品为辅的渠道模式，就叫作主营渠道模式。

这种渠道模式成功与否取决于产品的品牌影响力和对客户的扶持和掌控力度。如果品牌或产品掌控力很强，客户很难摆脱依赖，那么这种渠道模式就可能长久，否则，也可能被其他副产品代替或超越。

这种渠道模式，一般是由专营模式演变或过渡而来的。什么情况下会发生演变呢？等经销商的实力变强的时候，也就是这类产品逐步占领市场，有了品牌影响力的时候。此时，你们对彼此都有很强的依赖性，但这个时候也可能是经销商"三心二意"的时候。经销商为了摆脱你的控制，就会再代理其他同品类产品来对冲你的控制。当然，你也可以采取分散渠道的模式来防范这种风险。只不过，要把握好分散的时机并跟经销商做好谈判，即只允许他代理后进品牌，绝不能容许他代理挑战型或领导型品牌，否则对产品的销售将产生重大冲击。

三、兼营——虚情假意

什么是兼营客户？兼营就相当于"小三"。你只是众多"小三"中的一个而已。客户需要平衡众多"小三"的利益。为了不得罪上游客户，他只能虚情假意、逢场作戏，采用平衡艺术，大家同步发展，相安无事。这种模式，渠道就是一个收发站，更多依靠自身的品牌影响力和营销推广力。这种模式，更加适用于品牌主导型企业，即产品已经到了指牌购买的程度，用户会倒逼着终端渠道来销售，不依赖分销渠道的能力。他的作用就是货物"收发站"，这时就可以选择"兼营"模式。

品牌是关键，决胜在终端。企业一定要评估好自己的品牌力，只有这样才能做好渠道选择，合适的才是最好的。

专营

一心一意
不离不弃

| 供货 |
| 经销 |

主营

三心二意
若即若离

供货
供货　经销　供货
供货

兼营

虚情假意
逢场作戏

供货
供货　供货
经销
供货　供货
供货

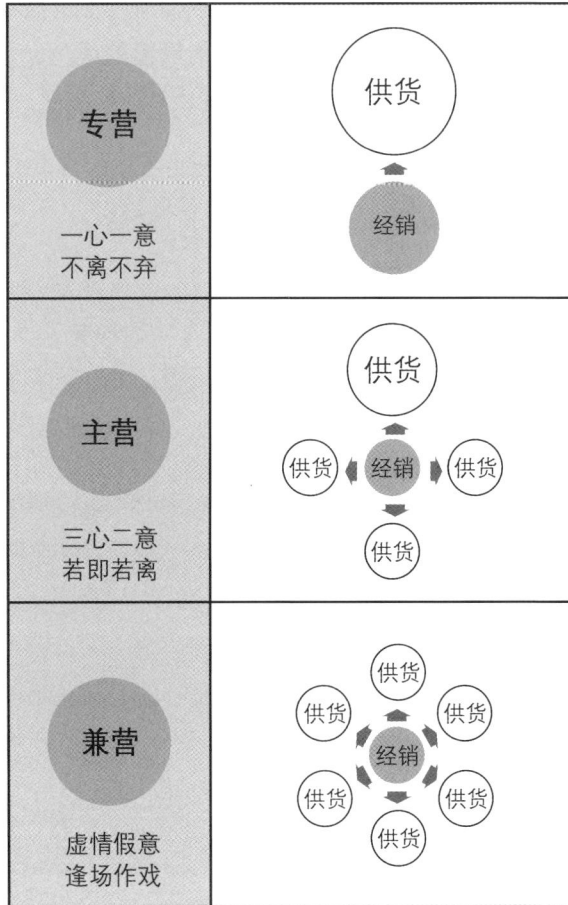

渠道选择："三营"模型

图解31

奇点 4. 客户特征——三变：不变、善变、改变

为什么做了那么多的促销活动，客户就是不买账？为什么客户眼看着店门口排着长长的队伍，却还愿意长久地等待？为什么明明调研的时候，客户对产品大加赞赏，但上市后却无人问津？

这些问题，是否也一直困扰着你？接下来带你走进"上帝"的内心世界，寻找一下上面的答案。

大千世界，万物生灵，人是最复杂的动物。营销哲学就是研究"人变"的哲学。根据"同字三点"原则，笔者把客户特征归纳为"三变"：不变、善变、改变。

一、不变——心智不变

杰克·特劳特和艾·里斯先生在《定位》这本书里讲过，消费者的心智一旦形成，改变是极其困难的。只有开辟出一块新的专属领地，并建立起独一无二的印象，配合着一系列的品类教育和营销推广，才有可能引导和利用用户的心智。这就是"定位"和"重新定位"的价值。

例如：阿胶千年以来形成的女人专用补品的心智，是很难改变的。你告诉客户，男人也能吃阿胶，客户就会习惯性地拒绝，因为他很难接受这个说法，怕被当成女人，所以这个"阿胶参芪酒"只能卖给喝酒的女人。但喝酒的女人实在太少了，市场很小，所以这个产品就很难卖好。

另外，用户的心智容量是有限的。大脑只会有选择性地记忆

有限的信息。哈佛大学教授乔治·米勒提出一个"7定律"：人类的大脑在处理信息时，极限是7。也就是说用户在一个领域最多只能记住7个品牌。如果创业品牌不在这"7"里面的话，想让用户记住几乎是不可能的，因为用户心智储存规律很难改变。

二、善变——羊群效应

经济学上有一个名词叫"羊群效应"，是说人们往往会盲目从众，在集体的运动中会丧失独立的判断力。在一群羊前面横放一根木棍，第一只羊跳了过去，第二只、第三只也会跟着跳过去；这时，把那根棍子撤走，后面的羊走到这里，仍然像前面的羊一样，向上跳一下，这就是所谓的"羊群效应"，也称"从众心理"。不知你有没有这样的体会，如果是一个人去买东西的话，一般都是直奔目标买完就走，而如果是结伴同行的话，很可能会买回来一些原本不在计划中的东西，这就是消费中的"羊群效应"。

门店前有很多人排队，就是商家利用客户的"从众心理"采取的一种营销手段，当然，也不排除确实有人满为患的百年老店。因为客户心智缺乏安全感，这个安全感也是导致"羊群效应"的主要原因，因此品牌必须要带着信任状。什么是信任状？佳洁士早期进入中国市场的时候，用意见领袖来支撑它是专业牙膏的品牌形象。本田汽车用权威来支撑自己质量好的品牌形象。它们的共同点都是在满足客户对安全感的需求。

当人们没安全感的时候，通常会表现出随大流。看所有人都喝农夫山泉，我也喝；看大家都买华为，我也买——因为这样才是最安全的。这也是为什么新产品在调研之前，客户赞美，上市后却无人问津，因为大部分客户都不敢做第一个吃螃蟹的人。

三、改变——消费趋势

人是很难改变的，人又是可以改变的。所以说，人是最复杂的动物。符合规律的引导就能改变用户，违背规律的强求往往事与愿违。

客户的心智不变，但是行为会随着消费趋势、消费习惯以及购买方式的变化而变化。比如：网购，从大家都不知道电商为何物到现在 7.49 亿（2020 年《第 46 次中国互联网络发展状况统计报告》数据显示）的网购用户，占网民总体的 79.7%。这是一种多大的改变？电商是一种趋势，一种进步。

心随精英，口随大众！消费行为可以改变，但是心智规律很难改变。所以，营销在于沟通，在于引导。

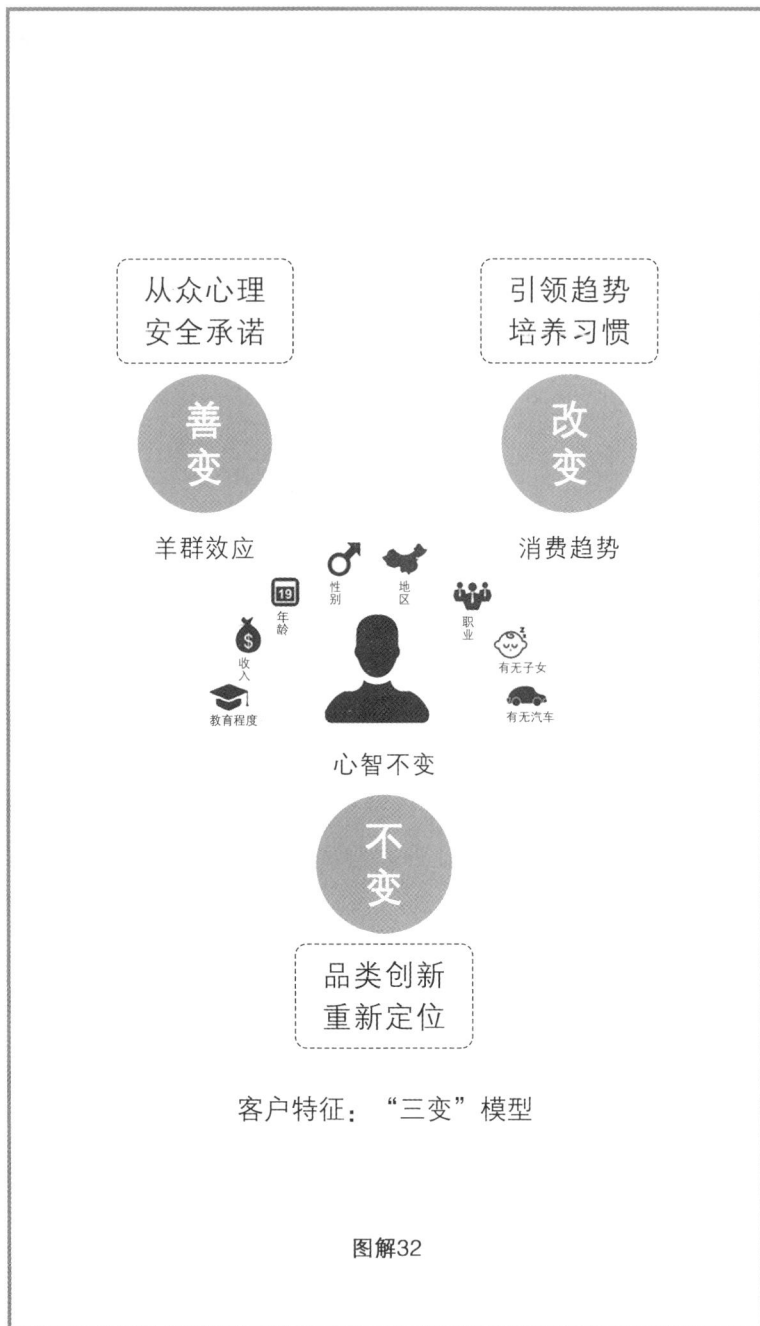

从众心理
安全承诺

引领趋势
培养习惯

善变

改变

羊群效应

消费趋势

性别　地区

年龄

收入

职业

有无子女

教育程度

有无汽车

心智不变

不变

品类创新
重新定位

客户特征："三变"模型

图解32

奇点 5.渠道策略——三力：推力、拉力、动力

俄国作家克雷洛夫讲过一个故事："一只龙虾、一只天鹅、一条梭鱼共同拉着一辆车，它们拉得很卖力，但龙虾使劲儿往土里爬，天鹅拼命往天上飞，梭鱼奋力往水里游，结果车子一动也不动。"

请对号入座一下，在你的营销管理中是否也遇到过这样的情况？销售人员拼命推销产品，市场人员也奋力推广品牌，代理渠道也卖力拓展通路，但是最终业绩却很差。这个问题，在很多企业可能都存在，那么如何来解决？

销售管理必须面向业绩。业绩是所有团队共同的目标，让所有团队都为这一个共同的目标负责，这样大家就能心往一处想，劲儿往一处使。因为各团队考核指标不同，所以需要把这个共同的目标根据各自工作性质不同转换成各自的任务清单和考核指标，这样才能避免出现因目标不统一而"分力"的现象。

根据"同字三点"原则，笔者把渠道策略概括为"三力"：推力、拉力和动力。

一、推力——销售

通常我们把销售称为"推力"。推力是指制造商通过业务人员，向经销商推销产品和服务，再依靠经销商向客户推销产品和服务，最终实现销售业绩的提升。做销售是点对点，一个业务员对一个经销商，或者一个经销商对一类客户。推力的手段一般包括：客户拜访、会议推广、产品促销、销售指导、开拓通路。

一般企业都是选择先用推力，即首先让业务人员开发经销商，或在媒体上发布招商广告，然后召开招商会议，与经销商签订合同，给予支持政策。在给经销商铺货后，再帮助经销商进行终端促销或者打广告，拉动市场销售。

二、拉力——市场

通常把市场推广称为"拉力"。拉力，即通过大量打广告、新闻媒体炒作，激起消费者的渴望，然后再招商、铺货，实现启动市场的目标。

做市场是点对面，如利用广告对整个区域客户群体传播，或者举办公关活动面向一群人宣传产品。拉力的手段有：广告品牌拉力、顾客促销拉力、公关形象拉力。拉力让业务人员在招商时相对比较容易，因为经销商看到制造商前期的大量广告投入，对企业的信心就会比较足。

由于拉力采用的是先有市场、后有销售的策略，能够比较快地启动市场，迅速抢占市场先机，为竞争对手进入市场设置障碍。例如：红牛饮料就采取了"先拉后推"的渠道策略。首先，在央视打广告一年时间，却不铺货。由于广告效果好，导致每天都有消费者到零售店询问有没有红牛饮料，各地的经销商纷纷寻找厂家，并要求代理红牛饮料，造成了市场饥渴的局面。一年后，红牛饮料开始招商、铺货，顺利越过了渠道障碍，启动了市场，达成了可观的销售业绩。

三、动力——政策

营销管理者不应该过分相信"拉力"，因为企业往往不能很好地把握刺激顾客购买欲望的着力点，并以此设计产品概念、广告公关诉求点。当然，也不应过分相信"推力"，因为一味地依赖经销商的铺货、推销能力，不仅有可能最终被经销商所左右，更因为对经销商的大力支持，前期免费铺货太多，容易形成只出货不回款的情形，给厂家造成很大的后续风险。

最根本的策略，应该是为利益相关者注入十足的"动力"。这个动力就是能够激发各环节积极性的销售政策。要想实现让每个利益相关者都能为自己的目标而奋斗，必须采用"激励相容"策略，才能为"拉力"和"推力"提供源源不断的核心动力。有了源源不断的动力，每个环节就成了动车组，自带动力，让它们自己为自己的目标而奋斗，顺便完成企业的目标，这样才能形成最大合力，一起去创造辉煌的业绩。

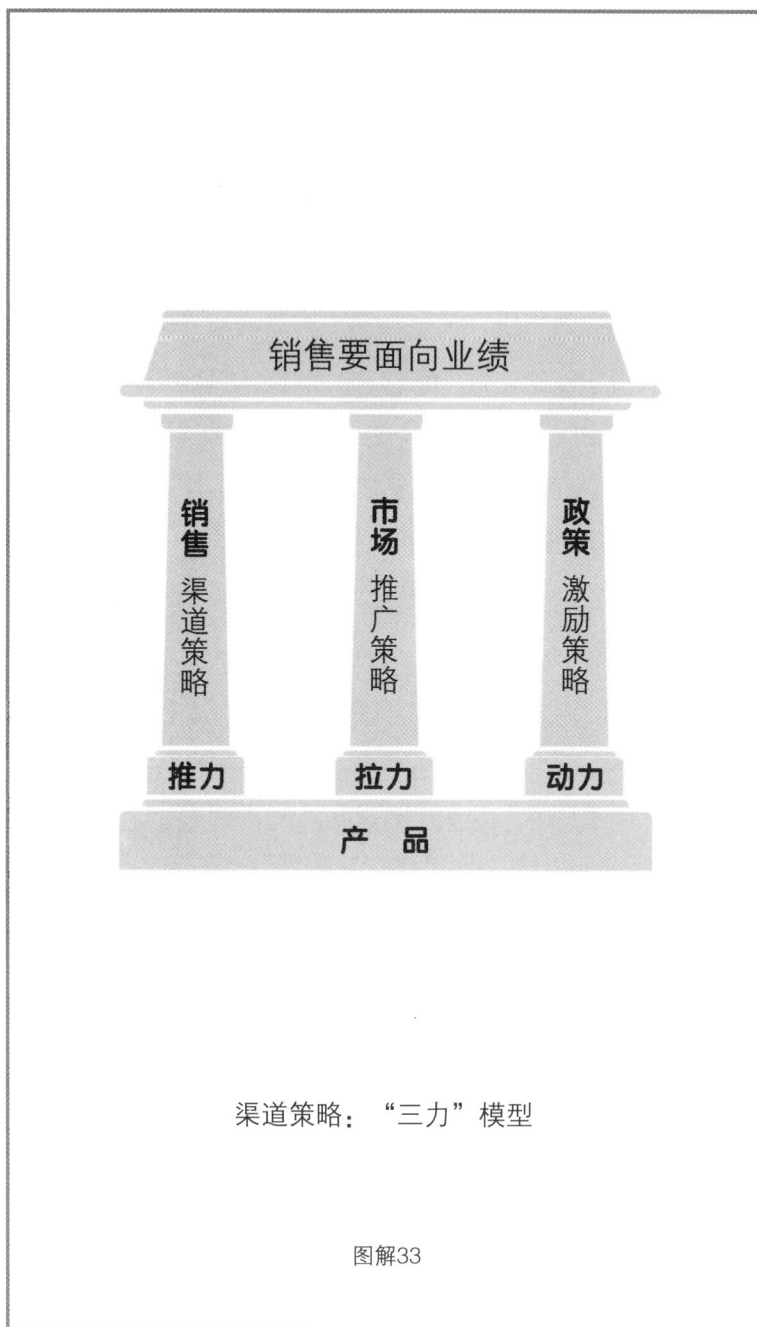

销售要面向业绩

销售 渠道策略

市场 推广策略

政策 激励策略

推力 **拉力** **动力**

产　品

渠道策略："三力"模型

图解33

奇点 6. 营销推广——三到：见到、价到、心到

可口可乐早期营销的成功，源于其"3A"营销策划理论的成功。

所谓"3A"指的是 1995 年以前可口可乐一直遵循的市场策略，即买得到（Availability）、买得起（Affordability）、乐得买（Acceptability）。这个策略符合了当时中国的实际情况，建立覆盖全国的网络，也使可口可乐迅速地打入了中国的市场。后来随着在中国的不断发展，又制定了新的"3P"原则，即 Pervasive(无处不在)、Price Relative To Value(物有所值)、Preferred(情有独钟)，使可口可乐产品成为消费者的心中首选。

将可口可乐的"3P"原则和"3A"策略进行组合，使"3P"成为"3A"策略执行落地的标准。

根据"同字三点"原则，笔者把营销推广概括为"三到"：见到、价到、心到。"见到"即让用户买得到，"价到"即让用户买得起，"心到"即让用户乐得买。"买得到"就是要做到"无处不在"，"买得起"就是要做到"物有所值"，"乐得买"就是要做到"情有独钟"。

一、见到——买得到：无处不在

"买得到"是诉求可口可乐的产品能够被买得到，而"无处不在"则着重量化了可口可乐产品在哪里都能够被"买得到"的程度。

这个"无处不在"包括所有有可能销售饮料的地方，除了大家所熟悉的超市、卖场、便利店、学校、网吧、餐馆、夜场、传

统食杂店等零售终端和批发市场,还有写字楼、厂矿区、证券公司、发廊、医院、监狱、机场、车站、菜市场等。

在经济比较好的大、中、小城市,可口可乐公司产品的渗透率可以说超过了 50%,相对于许多国内的知名品牌来说,可口可乐算是做得不错了。

以上其实指的就是营销 4P 里的"渠道"。就是要做好海、陆、空立体化的渠道布局,只要有用户的地方,就能买得到商品。当然,这是日用品行业,要根据自身行业的特点,评估好投入和产出比,不要机械地理解"无处不在"。

二、价到——买得起:物有所值

"价到",用通俗的话讲,就是价格到位,让用户"买得起"。"买得起"指的是在保证品质的条件下让产品更便宜,而"物有所值"指的是在价格不变的情况下能买到更好的产品。

这个策略指的是营销 4P 里的"价格"。这个价格是消费者可以接受的、可以支付得起的价格。为此,可口可乐还专门成立过玻璃瓶项目组,推出 1 元的玻璃瓶产品,每个装瓶厂也对应地会有专人负责推广玻璃瓶产品;在个别市场,或许还会见到 0.5 元一杯的可口可乐。这些都是让消费者可以用一个可以承受的价格买得起世界第一品牌的饮料。

那么,落实到不同企业,就要针对不同的用户进行人群的细分,根据消费层级划分出不同的用户。高端产品针对高端消费群体,中端产品针对中端消费人群,低端产品针对低端消费人群。不管哪种产品定位都要让用户感觉到"物有所值"。

三、心到——乐得买：情有独钟

"心到"，就是产品要做到用户的心里去，让用户"乐得买"。"乐得买"是指在保证品质的前提下让消费者愿意购买可口可乐的产品，但消费者仍然有选择其他品牌饮料的可能，而"情有独钟"就是要让可口可乐成为消费者心中的首选饮料品牌。

这个策略指的是营销 4P 里的"促销（作为当代营销要素，用'推广 popularize'似乎更准确）"。这里的促销不单纯指渠道的促销，还应包括针对品牌进行的品类推广，让品牌成为品类的代表。一提碳酸饮料，用户首先能想到"可乐"。一提可乐，用户首先能想到"可口可乐"。这样就做到了指牌购买，形成了品牌的忠诚度。一提"可口可乐"，就代表经典，就代表美国精神，就能与用户产生情感共鸣。这也是可口可乐在美国成功的原因。

买得到——无处不在　　买得起——物有所值

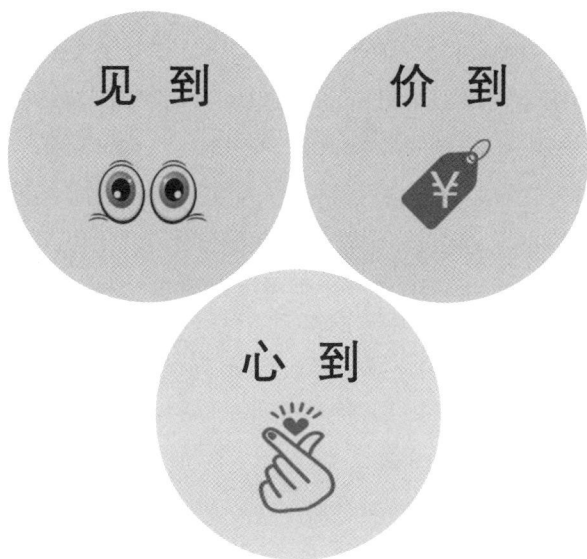

见　到

价　到

心　到

乐得买——情有独钟

营销推广："三到"模型

图解34

奇点 7. 营销模式——三重：重构、重组、重复

产品和服务是一个公司生存的根本，营销是一个公司做大、做强的保障。找不到成功的营销模式，即使有再好的产品和服务，企业也很难做大、做强。没有顶层的营销战略和底层的战术逻辑，就无法找对方向，无法完成复制，也就无法迅速地扩张。

那什么是营销模式？

首先看什么是模式？所谓模式，就是结构性的组合。营销模式，就是营销元素的结构性组合。营销模式就是营销元素 4P 的分与合，用自己最强的一个（或几个）元素去实现"分"，剩余其他几个元素围绕这一个元素（或几个）实现"合"，营销模式即营销元素的重新分化与组合之道。

就如丐帮的"降龙十八掌"，只有多个招数组合在一起，才能成为套路，才能产生强大的威力。

根据"同字三点"原则，笔者把营销模式归纳为"三重"：重构、重组、重复。

一、重构

重构就是对营销要素进行拆解并定向升级的过程，即综合分析企业的营销要素的核心竞争力和比较竞争优势，找出企业的核心竞争要素，重构企业的营销竞争力。

如果是蓝海市场，可以围绕"人无我有"的产品做营销重构，迅速占领品类高地，打造品牌，最大限度地获取品牌溢价。

如果是红海市场，可以采用低成本策略，降低产品的直接成本或边际成本，打造性价比，也就是围绕价格进行营销重构。提供价廉物美的产品，打通渠道，再连接用户，开展全网营销。

二、重组

世界通用的营销模式有四种，也叫作"元模式"，其他模式都是在这四种模式基础上演化而来的。营销模式的核心就是四种营销元素即 4P 的组合，组合之道就是用自己最有优势的 1P 去整合其他 3P，从而形成以 1P 为核心的 4P 综合竞争优势。

4P 分别是产品、价格、渠道、促销。

产品的组合： 主要包括产品的实体、服务、品牌、包装等。它是指企业提供给目标市场的货物和服务的集合，包括产品的效用、质量、外观、式样、品牌、包装和规格，还包括服务和保证等因素。

定价的组合： 主要包括基本价格、折扣价格、付款时间、借贷条件等。它是指企业出售产品所追求的经济回报。

渠道的组合： 主要包括分销渠道、储存设施、运输设施、存货控制，它代表企业为使其产品进入和到达目标市场所组织、实施的各种活动，包括途径、环节、场所、仓储和运输等。

促销的组合： 是指企业利用各种信息载体与目标市场进行沟通的传播活动，包括广告、人员推销、营销推广与公共关系等。

三、重复

营销模式是将企业有效的营销方法和经验程序化、标准化、普及化，再建立企业的培训与复制体系，就可以实现让平凡的人创造出不平凡的业绩。

企业建立营销模式的过程，就是将战略执行方法化、将有效方法模式化的过程。

企业要取得大的突破，其关键不是拥有更多个人英雄，而是要建立自己的营销模式。能力不能复制的个人英雄，是企业继续做大的阻碍。一个企业，只有建立起可以标准化的、程序化的、可以复制的营销方法集，即建立起有效的营销模式，才能真正解决企业营销的执行力问题。

P P
P P

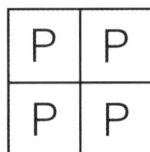

营销4P的组合之道

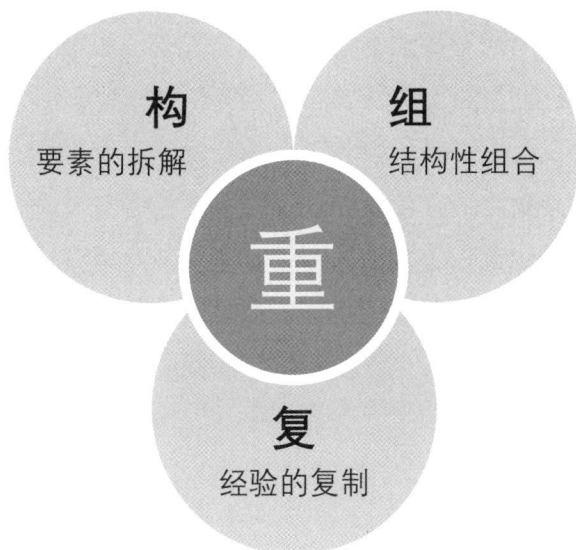

构
要素的拆解

组
结构性组合

重

复
经验的复制

营销模式："三重"模型

图解35

第六部分　企业管理篇

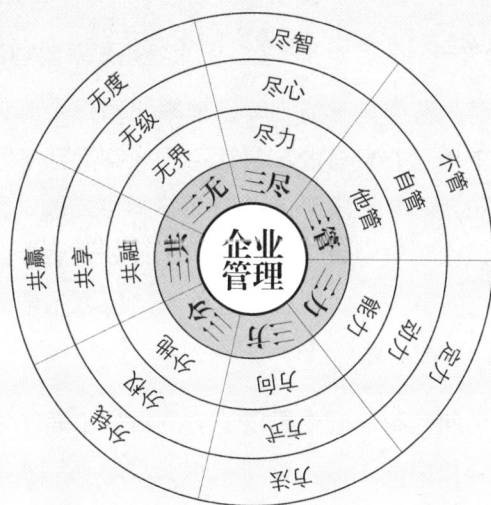

管理高手是怎样"炼"成的

"公路"理论

你是否有过这样的疑问，被称为世界奇迹的万里长城和埃及金字塔是如何建成的？在科学技术和建筑手段如此发达的今天，都被认为是无法想象的事情。那么，在公元前200多年我们中国的祖先和更远的公元前2700多年古埃及人又是如何做到的呢？

万里长城，这样浩大的工程，历时百年，几十万人如何组织？答案是靠"管理"。万里长城不仅是古代中国人民留给世界的一个奇迹，也是古代中国人民最好的管理实践。

大金字塔，这样复杂的工程，谁来吩咐每个人该干什么？谁来保证在工地上有足够的石料让每个人都有活干？如何把上万块万斤巨石运到一百多米的高空？答案也是靠"管理"。不管当时人们怎么称呼"管理"，得有人计划要做什么，得有人组织、指挥、协调人和材料去做这件事，以及采取哪些控制措施来保证每件事情按计划进行。

管理思想和理论的产生可以追溯到世界上有了人类那个时候，随着人类社会的进步，管理思想和理论也逐步发展。到今天为止，管理已经成了一门比较完善的学科，跟我们的工作和生活息息相关，不仅影响着我们的生活品质，也影响着国家的发展和国际社会的走向。

管理是一门纷繁复杂的学科，在此，笔者只想通过自己的理解和实践的体会，把"管理"通俗易懂地呈现出来，以对"管理"有一个微观的体会和中观的把握。

笔者把"管理"这件比较复杂的事情抽象成了一个通俗的理论——"公路"理论，便于读者理解和把握管理的本质和真相！

那什么是"公路"理论呢？生活在城市里的人，尤其是开车的人对公路的设计原理理解得会更加深刻。

什么是公路？公路是指连接城市、乡村和工矿基地之间，主要供汽车行驶并具备一定技术标准和设施的道路。公路一共包含了四种要素：人、车、路、环境。人，包括驾驶人、行人和乘客；车，包括机动车和非机动车；路，包括公路、城市道路、出入口道路及相关设施；环境，包括路外的景观、管理设施和气象条件。在这四个要素中，人是影响道路交通安全的最关键因素。驾驶人是系统的理解者和指令的发出者及操作者，是系统的核心，其他因素必须通过人才能起作用。四要素协调运作才能实现道路交通系统的安全性要求。

那么，在人、车、路和环境如此复杂的条件下，公路是如何顺畅运转的呢？

为什么有的城市交通顺畅，而有的城市又被称作"堵城"呢？这背后蕴含的就是"管理"的科学。

接下来把这几个核心要素、公路的构成及功能做一个"管理"的类比。

一条公路，首先它起到的是纽带和连接的作用。它就相当于一个企业与企业内外部的机构或部门的连接。

那么，人如何从一个地点到达另一个地点呢？或步行或驾车（含乘车），人和车辆要沿着标线和道路指示牌前进或行驶，道路标线和指示牌就是管理流程和流程节点。它能指导你沿着哪条路线到达目的地，直行还是转弯变道，都要按照道路标线行驶，不可越线或错线行车。

公路上除了标线和指示牌，还有什么呢？红绿灯系统。先有道路，后有交规。交规告诉你，红灯停，绿灯行，黄灯等。人过马路要看红绿灯并走人行横道，车到路口要看红绿灯并注意礼让行人。道路创造价值，但交规让行车更顺畅，也就是流程创造价值，管理制度能够保障流程顺畅有效执行。没有制度保障，流程就很难执行到位。这就是法治——依靠制度和流程来管理。

公路上除了红绿灯还有交通警察。在正常情况下，红绿灯是可以高效地管理好交通的，但是，在出现突发事件时，则需要灵活机动的交警来快速解决问题。这个交警就是管理者，管理者是处理突发事件的，是现场指挥。尤其是基层管理者，每天都要跟具体的事务性工作打交道，处理的更多的是这种突发性的事件。那么，中高层管理者干什么呢？他们负责规划道路、设计路线、制定交规，以保障大家顺畅出行、安全出行。当然，如果出现重大交通事故，也要层层报备，甚至各级主管部门的中高层管理者也要出面处理和协调。

为什么有人能管几万人，有人只能管几十人？万人 CEO 与几十个人的 CEO 能力不会差千万倍，关键区别是亲自管还是制度管。创业时，流程越多，效率越低。但是企业发展到一定阶段，就要配合不同的管理手段，就要做到"人治"和"法治"相结合。

除了交警，还有摄像头（含安全探头）和测速仪等监控设备，为什么交警不在现场的时候，你也不敢闯红灯、不敢超速，那是因为交通运输部门还安排了无数的"电子眼"在时刻监督着你，这就相当于企业的监控系统。企业管理者不可能一直盯着员工工作，而是靠设计一整套激励机制和监督机制来让员工自动自发地做好自己的本职工作。这里面可能运用绩效考核手段和360°环评方法，甚至有很多企业在考核员工的价值观。如果再配合上信息化系统就会更加高效，可以利用技术手段记录员工的每一项工作的过程和节点，通过分析报告来评估每个员工的工作效率和工作状态，这在流水线作业的制造企业里比较常见。360°环评是让上级、下级、同事等上下左右了解你的人都对你的表现进行综合评价，以全面了解你在无人监督状态下的工作表现。

依靠交规和监控系统，也不能完全保障安全出行，还要对出行人进行价值观等安全教育，这才是管理的极致手段——文化建设。让员工从心底里认同你的战略、你的方向，从而认可你们共同的未来。科幻电影《流浪地球》中有一句台词火了："北京第三区交通委提醒您：道路千万条，安全第一条。行车不规范，亲人两行泪。"这种价值观式的牵引，能时时刻刻提醒行车人即使在没有监控系统的情况下，也要规范行驶。即使不怕被扣分罚钱，还有亲人的等待。

随着移动互联网的发展，人类又发明了导航系统。现在，只要是卫星和移动网络可以覆盖的角落，导航都可以引导方向。这就是管理的"傻瓜系统"。在企业管理中，不管原来是否做过这个工作，只要按照系统的指示走，人人都会做，而且会做得很标准，极大地提高了工作效率，还能保证工作质量。这就是"系统"的力量。所以，科学的管理还要建立系统。

那系统又是由谁建立的呢？答案是人。这里的人是卓越的人、优秀的人。就是卓越的人依靠一套系统带领很多平凡的人做出不平凡的业绩。

"管人理事"是大部分人对于管理的理解，即便没有这样的概念，也会在实际的管理工作中强调对于人的管理。但是很可惜，这个理解是大错特错的。不管如何学习管理理论与方法，管理行为是依据对人的判断来进行的，而根本的事实是——管理是"管事"而不是"管人"，管理是"理人"而不是"理事"。以上这段论述是陈春花教授的观点，同时，在管理的过程中，对于人的作用力往往要大于对事的作用力，因为归根结底，管理是一门和人打交道的学问，因为所有的事儿都是由人做出来的。

人具有主观性，可以引导、教化；事具有客观性，可以规范、统一。而沟通和处理是解决问题的有效途径，不妨将任务导向（事）和人际导向（人）相结合。

一、管事——任务导向

管事，讲究程序、查核、管控及细节。根据管理理论之父亨利·法约尔"管理职能五要素"理论，把"管事"概括为五个字：**计（计划）→组（组织）→指（指挥）→协（协调）→控（控制）**。这是一个循环往复、不断改进的 PDCA ［PDCA：Plan（计划）、Do（执行）、Check（检查）和 Act（处理）。PDCA 循环是美国质量管理专家沃特·阿曼德·休哈特（Walter A. Shewhart）首先提出的，由戴明采纳、宣传，获得普及，所以又称戴明环。］上升的过程。把握好了这五个字，就能把握住"管事"这个真相了。那么，看似简单实则复杂的过程如何能够管理到位呢？答案：系统。就是依靠搭建一套管理系统并设计一套清单等落地工具来解决管理问题。系统简单理解就是制度和流程，如果能够配合信息技术手段以及人工智能，那么这个系统就能更加高效。

除此之外，还要开展"清单革命"。

《清单革命》的作者阿图·葛文德认为，人类的错误分为两类：<u>一类是"无知之错"——没有掌握正确知识而犯下的错误；一类是"无能之错"——掌握了知识，但没有正确使用而犯下的错误</u>。"无知之错"需要不断提升专业能力才能弥补，而要避免"无能之错"依靠工具就可以做到，这个工具就是"清单"。现介绍一种"卡单式"管理模式。

卡：流程设计，含管理思想和制度设计。卡式设计，能够使不熟悉业务的员工按部就班地接手新的工作，也能监督老员工认真履行流程的职责。下一个流程节点上的人员要检查上一个流程节点的执行情况，责任人是否履行了职责，通过流程卡就很容易监督到位。这个卡，对于小微企业，信息化不完善的，可以直接在线下流转；对于信息化比较完善的企业，直接在线上传递给下一个流程执行人员。

单：质量保障，通过开展"清单革命"，保障每个流程都能够落地。在相关节点上，"单"要跟随"卡"一同流转，在下一个节点上把关的人员要确认"单"是否齐全，相关责任人是否按照"单"的质量要求来执行。总之，"卡单式"管理是一种落地系统管理思想的有效手段。

二、理人——人际导向

理人，关注交流、理解、沟通和情感。根据人力资源管理理论，也概括为五个字：**引（吸引）→选（选人）→育（培育）→用（任用）→留（留人）**，标准教科书也有的概括为：选、用、育、留、退。笔者更加注重起点，认为入口才是人才选拔的关键，除非企业经营出现异常，否则，都希望把人才留住，一起走下去。

引，一般企业为招，但是现在，随着人力成本上涨，人才市场竞争激烈，很多城市都开展了"抢人大战"，都提供各种优惠政策吸引人才来就业和生活，这就是"引"。先栽下梧桐树，才能引来金凤凰。把企业的平台和机制打造好、宣传好，才能真正吸引人才到企业中来实现自己的梦想。加上后面的选、育、用、留，所有的环节都离不开一个核心就是"沟通"，管理问题 70% 是沟通的问题，那靠什么沟通？不是靠嘴去沟通，而是靠"机制"。所以，"管事"凭系统，"管人"靠理解人性，顺从民意，即靠机制。

那什么是"机制"？机制一词源于希腊文，原意是机器的构造和运作原理，是一套驱动组织有序运行的程序。机制是事物发生发展的客观规律和内在机理。

最朴素的机制就是"活的游戏规则"，真正的机制，是隐含在人们每天发生着的、鲜活的、生动的行为背后的逻辑。机制不等于文字，文字只是机制的表达形式，不能把一堆死的文字当作机制。因为机制能否起作用，并不在于文字是怎么写的，而是取决于各个利益相关方相互博弈、相互依存、相互制约所达成的一种动态平衡。简单来理解，能让人动起来的规则就叫机制。

对于企业来说，机制就是让员工像发动机一样运转起来的特殊制度。机制的运作原理就是要尊重人性、顺从民意，让每个人为自己的目标而奋斗。不要逆人性，要顺性而为。要理好人，首先就是要实现机制驱动，就是要打造"三力"，即能力、动力和定力。

管理的本质就是要激发善意，要让员工做到"三尽"，即尽力、尽心和尽智。

传统管理学是如何管，如何管好。新型管理学是如何"不管"，如何从"他管"到"自管"，最后到"不管"。做到"无为而治"，是企业管理的最高境界。

如何实现"无为而治"？根本的就是要找到正确的经营逻辑或模式，就是设计"三分"机制：分地、分权和分钱。为员工打通三条通道，即升官通道、发财通道和养老通道。让员工为自己的目标而奋斗，顺带实现公司的目标。

把握好了"管事"和"理人"的本质，了解了管理的真相，应该就离管理高手不远了。

管理学是一门综合性的交叉学科，是系统研究管理活动的基本规律和一般方法的学问。

管理学是适应现代社会化大生产的需要产生的，它的目的是：研究在现有的条件下，如何通过合理的组织和配置人、财、物等因素，提高生产力的水平。其中的"机制"和"系统"是管理的核心，是提高生产力水平的标志。冈为"系统"是生产工具，而"机制"是生产关系，二者合一，就是高效的生产力。

图谱六：企业管理"公路"理论

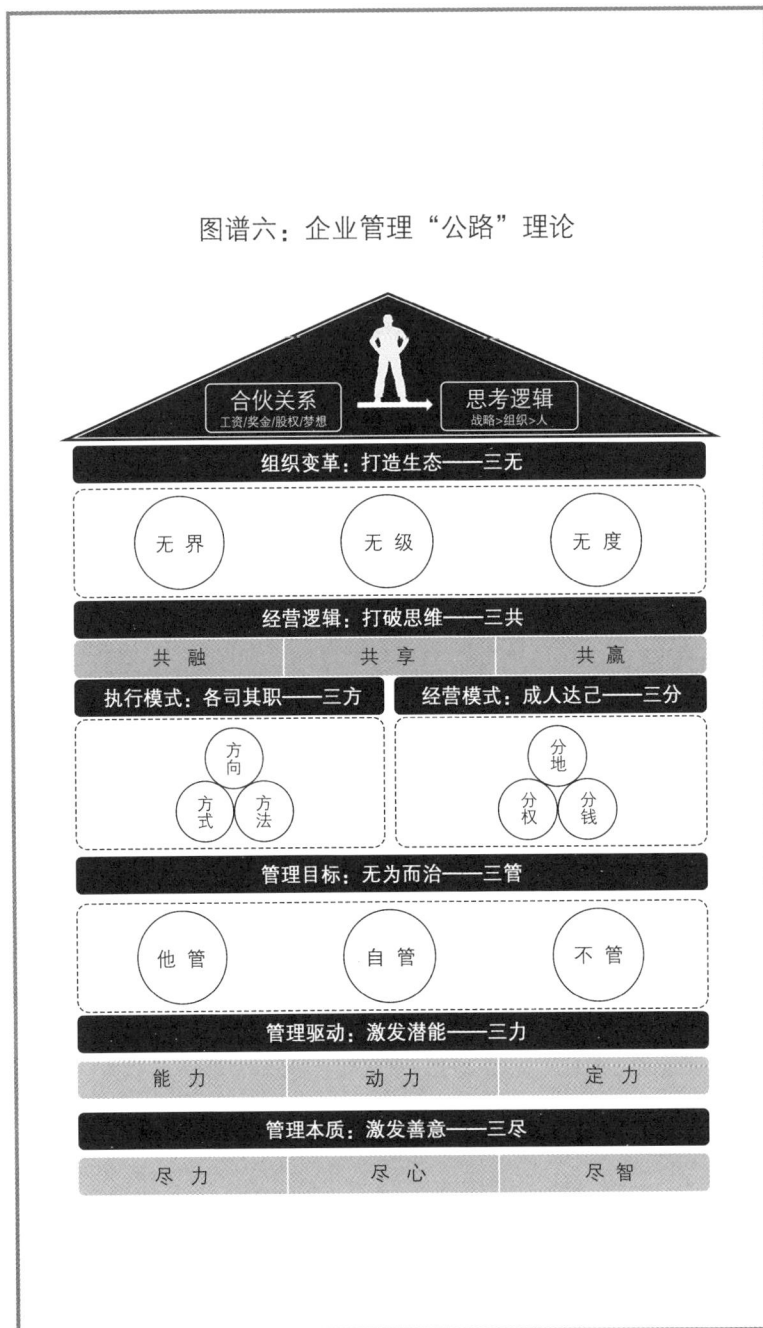

合伙关系
工资/奖金/股权/梦想

思考逻辑
战略>组织>人

组织变革：打造生态——三无

无 界　　　无 级　　　无 度

经营逻辑：打破思维——三共

共 融　　　共 享　　　共 赢

执行模式：各司其职——三方　　　经营模式：成人达己——三分

方向
方式　方法

分地
分权　分钱

管理目标：无为而治——三管

他 管　　　自 管　　　不 管

管理驱动：激发潜能——三力

能 力　　　动 力　　　定 力

管理本质：激发善意——三尽

尽 力　　　尽 心　　　尽 智

奇点 1. 管理本质——三尽：尽力、尽心、尽智

做企业的都绕不开一个话题，就是管理。但是管理也一定要"因司而异"，不可一概而论。一定不能用"管理骆驼的方法来管理兔子"，路长全老师的这一观点用在此处最为恰当。无论是大公司还是小公司，管理的逻辑是不变的，所遇到的人和事的类型是一样的。

大多数公司可能都会存在以下状况：

A 类员工：你盯着的时候，他似乎在努力工作，可是稍微一转身，他就上网看小说、逛网店、聊天。

B 类员工：不上网看小说、不购物，也不聊天，一直在干活，看上去兢兢业业，但就是不出业绩。

第一种情况叫作"出工不出力"；第二种情况叫作"出力不出活"。

怎么解决这个问题呢？

"现代管理学之父"彼得·德鲁克说：管理的本质就是激发善意。同样工作 8 小时，能做多少事，和一个人的主观能动性关系巨大。德鲁克认真研究了 IBM（国际商业机器公司）20 年后说：我们不能只雇用员工的双手，还必须连双手的主人一起雇用。

激发善意，就是为了"雇用整个人"。我们不但要雇用他的人，还要雇用他的心和脑。

那如何才能激发善意呢？只能给他一个理由，让他激发自己。

根据"同字三点"原则，笔者把激发善意的方法论归纳为"三尽"：尽力、尽心、尽智。

一、尽力

尽力是激发善意的最低层次，这种模式更适合于标准化生产的制造型企业。这种工作标准化程度很高，更多地依靠半人工半自动化的流水线。只要通过计件考核机制规定好基础工作量并制定超额奖励的标准，并辅以末位淘汰制，就能使员工尽力。这种"前拉后推"的模式因为嵌入了多劳多得的机制，所以能够促进员工尽力去做好工作。除此之外，还有末位淘汰机制，可以防止那些小富即安，只拿基本工资，不愿意多付出的员工出工不出力。

二、尽心

对于标准化程度不高，无法通过流水线流程化生产的产品，如文化创意产业，更多地依赖员工的个人能力。这种工作就需要员工不但要尽力，还要尽心。这种工作就不是光靠绩效考核或者计件激励可以牵引的。比如：宣导公司的使命、愿景和价值观，如把具体工作和员工的个人品牌和荣誉捆绑到一起，让员工能够瞬时产生使命感和责任感，就能够激励他全身心地投入工作中去。工作做好了要承认他的价值，从而让他从心底里获得满足感和自豪感。当然也一定要给予相匹配的物质激励，只不过这种物质激励要在精神激励的掩护下进行，以此激发他下一轮的善意。

三、尽智

尽智是激发善意最高的层级，也是管理者一直在追求和向往的目标。这种模式就是让所有员工能够自动自发地为了企业变得更好，而贡献自己的智慧。

这种模式更适合创新型企业，因为"尽智"需要企业营造一种宽松的创新环境。创新就意味着要不断尝试、不断探索，也难免要经历失败，那么企业就要有允许失败的态度和容错机制。鼓励员工贡献智慧的前提还是激发善意，不能一有问题就一棍子打死，否则员工都不敢再提想法。

创新，从来都不是一个褒义词，而是个中性词，因为创新有可能成功，也有可能失败，而且大概率是会失败的。如果一个企业不允许员工犯错，那谁还敢创新？

管理的本质就是激发善意，就是要让员工做到"三尽"：尽力、尽心、尽智。

营销专家路长全观点

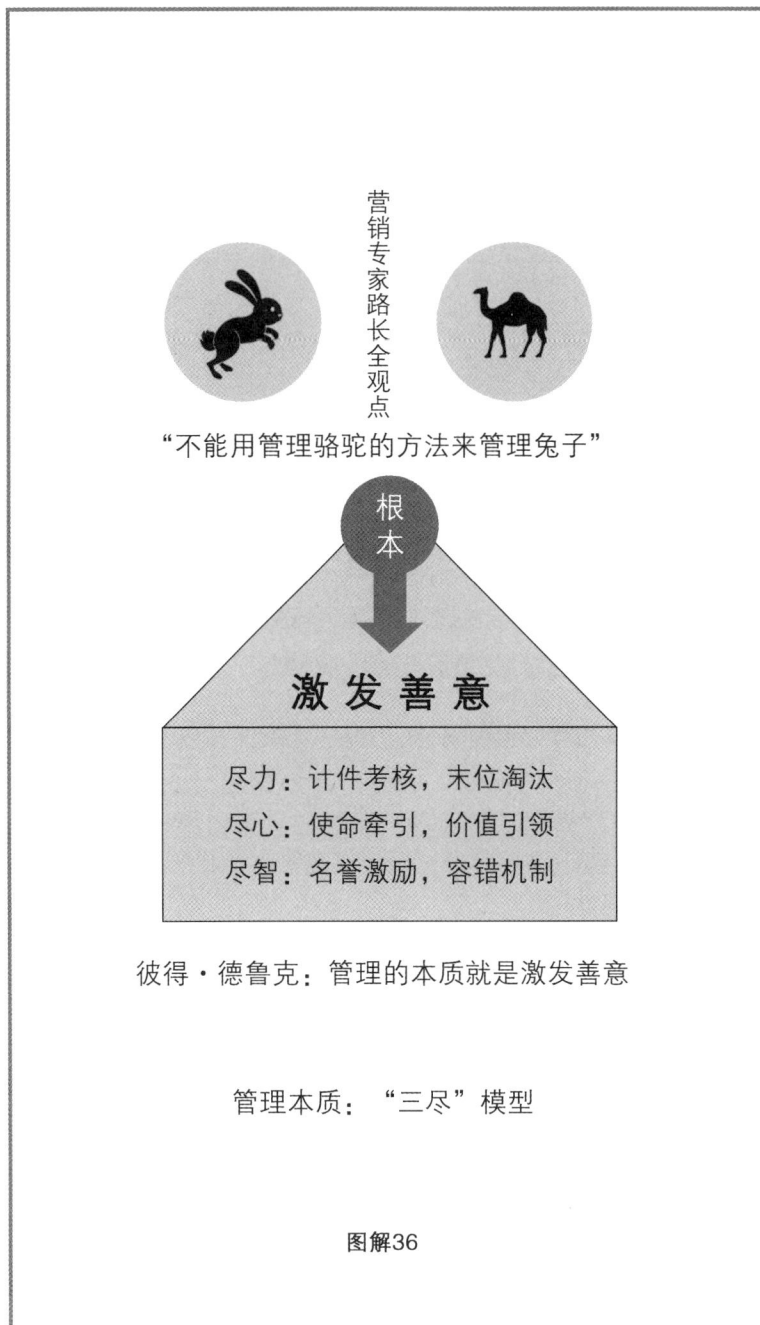

"不能用管理骆驼的方法来管理兔子"

根本

激发善意

尽力：计件考核，末位淘汰
尽心：使命牵引，价值引领
尽智：名誉激励，容错机制

彼得·德鲁克：管理的本质就是激发善意

管理本质："三尽"模型

图解36

奇点 2. 管理阶段——三管：他管、自管、不管

衡量一个管理者管理能力高低的标准，不是看他在的时候工作多么井井有条，而是要看他不在的时候工作是否还能有条不紊地进行。

一个优秀的企业管理者，首先应当是一个优秀的"游戏规则制定者"。没有必要事必躬亲，事事亲力亲为；只需要制定好游戏规则，让别人去玩，而玩的结果正是他想要的。

传统的管理制度都是教你"如何管"，新的管理机制是教你"如何不管"。

不管，不是不闻不问，什么也不做，而是顺应事物自身的运行规律，因势利导，顺势而为。借助人性对利益追求和利益博弈的需求，设计一套环环相扣、密不可分的机制，从而实现员工自动自发，努力工作；老板省心省力，无为而治！

管理的最高阶段就是无为而治，无为而治的理念核心正是自组织、自管理。那么，自组织、自管理如何落地？

根据"同字三点"原则，笔者把管理阶段归纳为"三管"：他管、自管、不管。

一、他管——外力：胡萝卜 + 大棒

"他管理"是组织普遍采用的一种管理方式，即"胡萝卜 + 大棒"，通常指的是一种奖励与惩罚并存的激励政策；是指运用奖励和惩罚两种手段以诱发下级做到上级要求的行为。它源于一则古老的故事：要使驴子前进，就在它前面放一个胡萝卜或者用一根棒子在后面赶它。

传统的管理者大部分都是采用这种管理方式来进行"他管理"的，这种外力作用是一种推拉结合的方式，即胡萝卜是"拉"，大棒是"推"。

二、自管——内力："三自"机制

从"他管理"过渡到"自管理"，是一种进步。"三自"指的是自激励、自约束和自协同。

自激励：员工自觉自愿地去做组织希望做的事。

首先，把公司的事情上升为使命、愿景和价值观。让老板个人的梦想点燃员工的梦想，让每个员工为了自己的梦想而奋斗。

其次，把公司的事情分解成员工自己的事情，跟个人的利益、荣辱绑在一起，让员工形成自我激励。

自约束：员工自觉自愿地不去做组织不希望做的事。这个跟"自激励"是同样的标准。自约束靠的是价值观，要让员工知道哪些事情应该做，哪些事情不该做；干了会怎么样，不干会怎么样。这里遵循"热炉法则"，违反了公司价值观的员工，一定要批评教育，严重者要开除，触犯法律的绝不姑息。

自协同：员工自觉自愿地协助同事或组织内的其他部门。这个需要在公司内部组成"利益相关者"联盟，类似于阿米巴的内部交易或者韩都衣舍的三人小组，"胜则举杯相庆，败则拼死相救。""大河有水小河满，大河无水小河干。"共同做大增量，大家才有蛋糕可分。失败的团队没有英雄，整个团队不赢利，个人再优秀，也不能分成。

道理很简单，没有什么激励比自己激励自己更强烈，没有什么约束比自己约束自己更牢靠，没有什么协调比自己协调自己更有效。

三、不管——内驱：使命的力量

不管，就是把老板的事儿变成员工的事儿，把老板的事业变成员工的事业，把每个人都变成老板。公司最勤奋的一定是老板。他不需要任何人的管理，连内部的机制都没有，他持续奋斗的力量，往往源于热爱、源于使命、源于责任。这才是最强大的力量，它能使奋斗成为一种习惯，使努力成为一种自然。

例如：海尔的创客平台，"人单合一"就是把每个员工都变成老板。

这就是管理的三个阶段：他管→自管→不管。

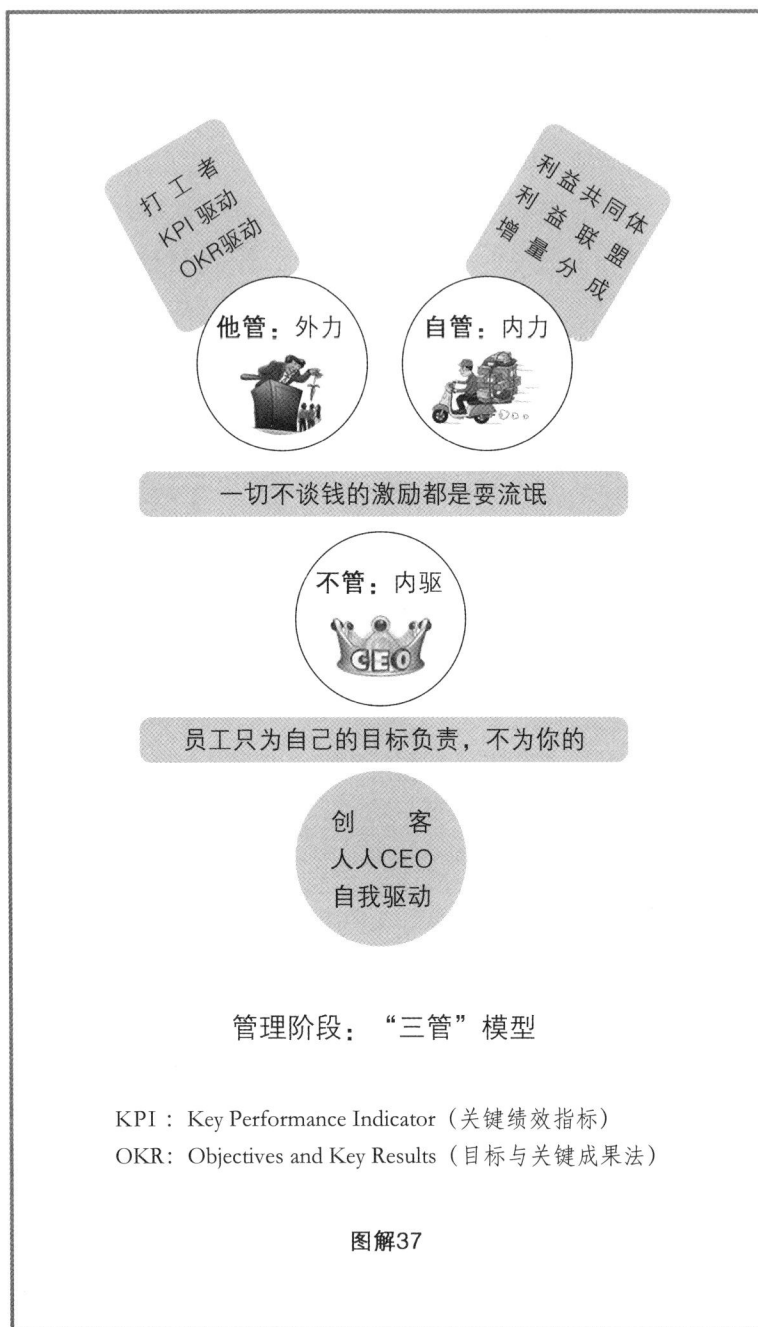

打工者
KPI驱动
OKR驱动

利益共同体
利益联盟
增量分成

他管：外力

自管：内力

一切不谈钱的激励都是耍流氓

不管：内驱

CEO

员工只为自己的目标负责，不为你的

创　客
人人CEO
自我驱动

管理阶段："三管"模型

KPI：Key Performance Indicator（关键绩效指标）
OKR：Objectives and Key Results（目标与关键成果法）

图解37

奇点 3. 管理驱动——三力：能力、动力、定力

管理就是"管事""理人"。人是管不住的，需要通过管事去管人，需要用做事的结果来评判人。所以，本质上要想把事情做好，还是要调动人的积极性和培养人的能力，这也是管理驱动的主体。

根据"同字三点"原则，笔者把管理驱动的主体——人的能力概括为"三力"：能力、动力、定力。

一、能力——干事的基础

能力是干事的基础，能力不够干不了事。能力首先指的是职务胜任力，也就是业务能力，其次才是个人业务外的综合能力。

提升能力是个持续不断的过程，是随着所涉及事务及职务的变化不断变化的。今天有能力不等于明天有能力，在这里有本事不等于在那里也有能耐。

新情况层出不穷，新问题不断涌现，新竞争形势不期而至。本领危机过去有，现在有，将来也一定会有。所以，能力提升跟学习一样，是终身制的，而且正常的过程应该是伴随着学习螺旋上升的。

能力是一个人自身所具有的技能，是由个人来掌控的，不由企业决定。这还取决于他的态度以及企业所激发的动力以及他的能力增长潜力。

二、动力——干事的条件

动力是干事的条件，动力不足无法干事。动力就是激情，是人的一种精神状态。如今绝大多数年轻人是有激情的，他们朝气蓬勃、奋发有为，想早点干出业绩。但激情点燃易，保持难；一时一事易，持之以恒难。最为难能可贵的是那些咬定目标，以一种坚持不懈、坚韧不拔的意志一以贯之的人。这种个人动力源于他们对工作的热爱，源于内心深处强烈的对个人和家庭的责任感。

当然，也有一部分崇尚个性和自我解放的年轻人，喜欢是他们评判的第一标准，心情是他们喜好工作的重要依据。他们可以为了一场说走就走的旅行毫不犹豫地炒老板的鱿鱼。一言不合就离职，有些人离职的理由甚至让人大跌眼镜，因为公司的前台长得太难看。

三、定力——干事的保证

定力是干事的保证，定力不够容易出事。

什么是定力？定力就是坚持。如果说"失败是成功之母"，那"坚持就是成功之父"，因为积极的人从来不知道什么是失败。爱迪生找到合适的灯丝之前说：我并没有失败，只是成功地发现了一万种行不通的方式。

定力好比"定海神针"，专注地朝着自己选定的方向前进，耐得住寂寞，经得住诱惑，始终保持内心那份执着和坚定，恪守内心那份淡定和从容。

就像马云说过的：今天很残酷，明天更残酷，后天很美好，但是大多数人死在了明天的晚上。定力源于内心的那份信念和纯净，一个有大方向、大目标、大追求的人必定会有坚强的定力。

　　能力决定"能做什么"，动力决定"想做什么"，定力决定"敢或不敢做什么"，三者共同决定"能做成什么"。能力、动力、定力三者兼备，才能成就一番大事。

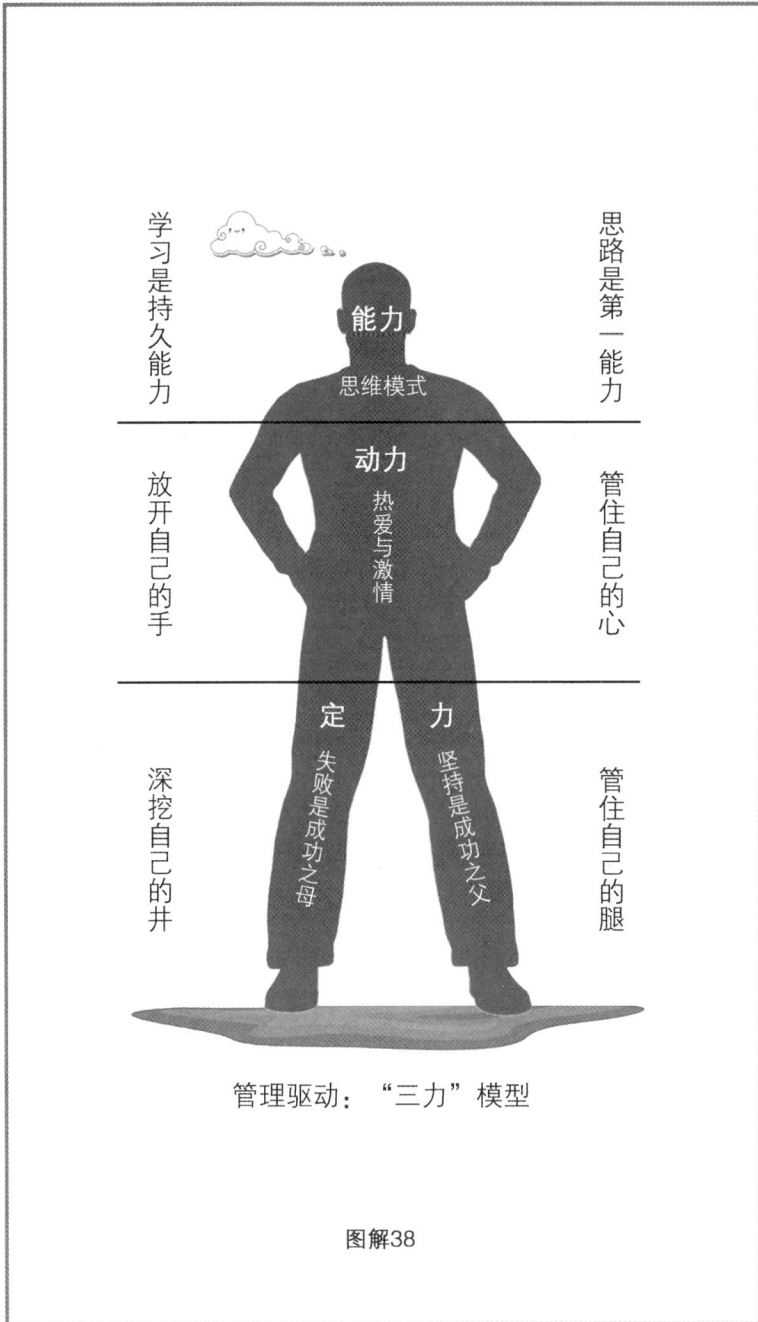

学习是持久能力

思路是第一能力

能力

思维模式

放开自己的手

动力

热爱与激情

管住自己的心

深挖自己的井

定　　力

失败是成功之母　坚持是成功之父

管住自己的腿

管理驱动："三力"模型

图解38

奇点 4. 执行模式——三方：方向、方式、方法

三流的点子加一流的执行，永远比一流的点子加三流的执行更好。执行力是一个公司参与竞争的有力武器。执行不到位，再好的战略也无法落地。执行力不是口号，不是形式，而是切实有效的执行逻辑。

一家管理有序、执行高效的公司，组织内部一定是看起来平淡无奇的。因为每个人各司其职，纵向和横向之间的配合井然有序。

根据"同字三点"原则，笔者把执行模式概括为"三方"：方向、方式、方法。

一、方向——高层的首要职责

高层负责确定公司的战略定位，这是其首要职责。高层领导负责把握公司这艘大船前进的方向，带领所有的船员向着灯塔（愿景）指引的方向前行。高层明确了公司的战略定位，就抓住了企业经营的方向，企业经营的其他事项才能纲举目张。

高层还需要有顶层设计的能力和格局，这是其第二个核心职责。只要方向正确，就不怕路途遥远。高层管理者还要在方向（战略定位）的指引下做好顶层设计，包括战略顶层设计和组织顶层设计。也就是要让所有船员明白企业这艘大船具体的前进目标是什么以及如何能实现这个目标。

高层还需要具备企业成功逻辑的设计能力，这是其第三个核心职责。首先从内部管理模式（机制设计）和外部商业模式（利益设计）等维度思考企业如何"好做"，然后再思考企业如何"做好"的问题。所谓，运筹帷幄之中，决胜千里之外。不要让员工在错误的道路上辛勤耕耘。这就需要高层，一方面从空间和

时间上全面思考系统问题和关键成败问题；另一方面还要抓住决定成败的瓶颈要素。

二、方式——中层的核心职责

高层负责决策，中层负责解码和策略演绎。因为在决策和执行之间，存在着沟通的鸿沟，这条鸿沟既深又宽，需要强有力的中层进行策略演绎，把想法最终变成成果。

高层负责的是方向，中层负责的就是方式，如生产方式、制造方式、管理方式、思维方式等，这些更多的是方法论的范畴。中层是组织高效执行的核心环节和必备要素，中层作为高层和基层之间的执行纽带是不可或缺的。中层承担着执行方式的发现、总结、创新及试点、复制的职责，是保障执行效率和执行效果的关键。

三、方法——基层的核心职责

基层的核心职责在于执行，这个层级属于技术层和方法层。执行主体是具体任务的操作者，也是问题线索的第一接触人，是最先看到炮火的人。因此，基层员工的核心职责就是在上级领导总体管理思路的框架内找到现地现物的解决方案，也就是找到达成目标的具体执行方法。

基层员工一定要在自己的专业领域内，带着问题和想法去执行。中层关注方式，基层关注方法。在具体工作中，需要结合实际情况创新演化出具体的可行性方法和落地方案。不可一味地按照规则和标准，机械地套用模式，而是要以创新的思路来试验模式、改进模式。在领会上级管理思路时，不但要用力，还要用心。要具备执行力和创新力的双重能力，要做可以发生化学反应的单元，而不是只做机械运动的零件。

简而言之，高层关注方向，中层关注方式，基层关注方法。

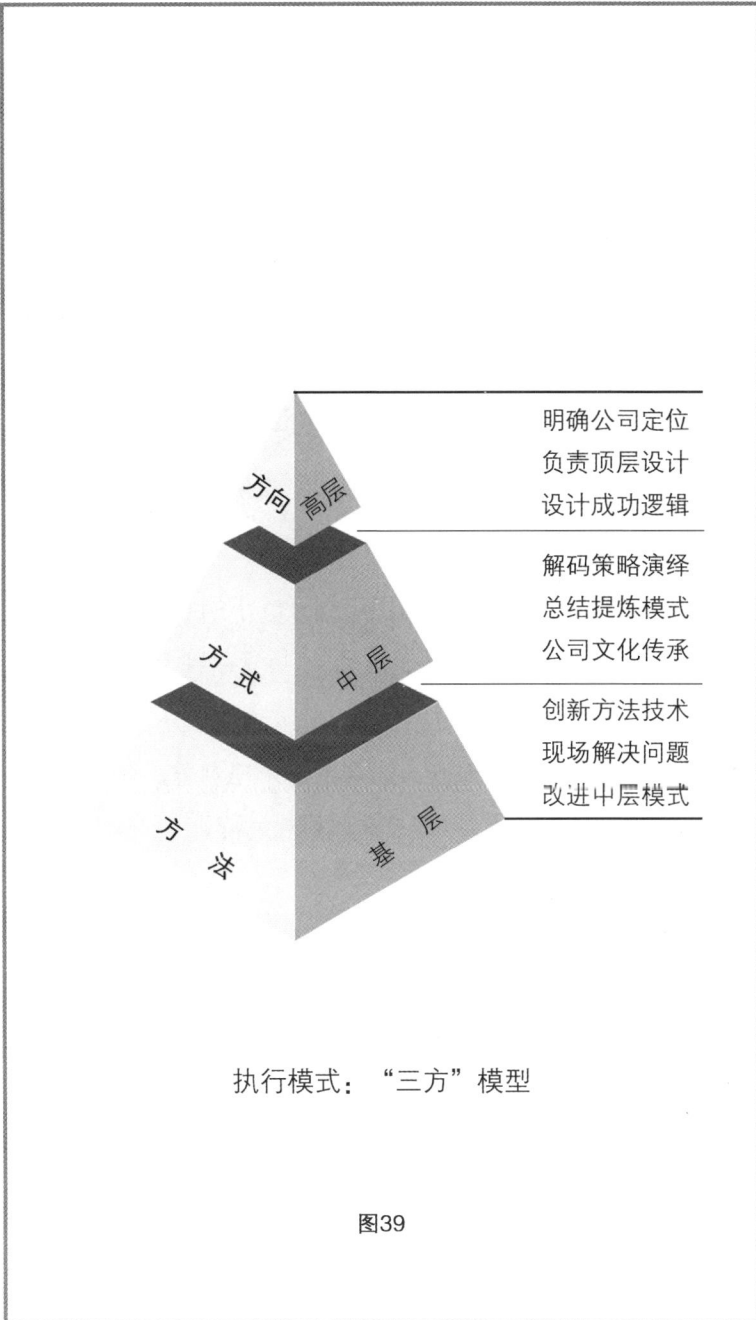

明确公司定位
负责顶层设计
设计成功逻辑

解码策略演绎
总结提炼模式
公司文化传承

创新方法技术
现场解决问题
改进中层模式

方向　高层

方式　中层

方法　基层

执行模式："三方"模型

图39

奇点 5. 经营模式——三分：分地、分权、分钱

中国古典四大名著之一的《水浒传》，描述了梁山好汉大碗喝酒、大口吃肉、大秤分金的无忧生活。为什么那么多人愿意跟着宋江上梁山落草为寇？除了世态炎凉、情势所逼，主要是被梁山这种独特的"经营模式"所吸引。他们打着"替天行道"的旗号"劫富济贫"，但"劫富济贫"的前提是先济了自己，从而能够驱动梁山好汉舍生忘死，守护他们的劳动果实。

最能抓住这种本质的经营模式除了股份制，就是稻盛和夫的阿米巴经营模式。

阿米巴模式，是指将大的组织划分成小的独立经营体，通过独立核算、自负盈亏来实现全员参与的经营模式。其本质是"量化分权"，也叫"内部市场化"。

根据"同字三点"原则，笔者把阿米巴"分、算、奖"的经营模式归纳为"三分"：分地、分权、分钱。

跟"分、算、奖"相比，"三分"模式更能够促使阿米巴模式落地，因为巴长的独立经营权是阿米巴真正独立经营的象征，也是阿米巴真正有动力的关键因素。

一、分地——组织划分

阿米巴经营实学落地的前提就是组织划分，核心就是"分地"。明确组织和经营本体之间的关系，相当于中国改革开放初期安徽小岗村的"承包到户"的联产承包责任制。这种明确给自己干的机制，充分调动了农民的劳动积极性。企业管理也

是一样，通过明确"责任田"，把员工和具体工作业绩绑在一起，让员工明确"多劳多得，少劳少得，不劳不得"，是骡子是马，拉出来遛遛。

二、分权——独立经营

分完了"责任田"，还要分配相应的权利，这种权利就是在责任田范围内他能调动资源的权利。这个就相当于"分田到户"之后，你种什么粮食，用多少人工，用多少肥料，什么时候出工，等等。这些问题都由户主自己决定，国家不再干涉。阿米巴经营也是一样，要给巴长人、财、物的充分授权，这样才能真正调动每一个阿米巴的积极性。巴长及团队成员要为自己"巴"的经营结果负责，真正地独立经营，自负盈亏。相当于公司组织里的子公司模式，独立的法人、独立的财务核算体系以及税收体系。

三、分钱——增量分成

所有机制的核心都是利益的分配，一切不谈钱的激励都是耍流氓。

针对联产承包责任制，国家出了一个分钱的原则：打了粮食之后，"交够国家的，留足集体的，剩余全是自己的。"阿米巴经营也是一样的模式，叫"增量分成"。创造了额外的价值才能分配。"增量分成"也是本着这样的原则：交够公司（用于股东分红）的，留足集体（发展备用金）的，剩余全是自己（巴内成员分配）的。

这就是阿米巴的经营模式——"三分"：分地、分权、分钱。

独立经营　　　增量分成

分权

分钱

分地

组织划分

经营模式："三分"模型

图解40

奇点 6. 经营逻辑——三共：共融、共享、共赢

有企业把"共融、共赢、共享"作为经营理念，很有道理，而且格局更高远。共同融入互联网的平台和生态，在竞合的过程中实现共赢，在共同为用户创造价值、提供价值以及在实现共同使命的过程中共享成功的喜悦。

结合当前众多中小企业所面临的竞争环境和形势，也为了能够给中小企业当前的发展提供更切实的经营逻辑的参考，笔者调整了一下顺序，根据"同字三点"原则，把经营逻辑概括为"三共"：共融、共享、共赢。

一、共融——战略联盟

共融，顾名思义，是共同融入、融合的意思，这是现代企业经营所需要的基本理念，就是组成战略联盟。具体指，在行业内组织共建行业协会，在生态链中融入平台，在生态圈内融入生态组织，共同建构你中有我、我中有你的生态联盟，增加共同抵御风险的生态能力。比如：京东就是这样的生态联盟。1998 年京东成立，到 2017 年才开始实现赢利，持续亏损近 20 年，为什么还能生存下来？就是因为京东建立了一个电商生态，它把上下游的生态链都整合在自己的平台之上。如果哪一天京东宣布资金链断裂，即将破产，那么生态链上的企业都会拼死相救，因为整个生态链是一个共融共生的利益联盟，胜则举杯相庆，败则拼死相救。

二、共享——资源共享

2017 年 12 月，"共享"入选"2017 年度中国媒体十大流

行语"。共享是共享经济的核心理念，强调物品的使用权而非所有权。2016 年，共享单车的兴起将共享的概念带入了人们的视野。2017 年，共享经济更加发展壮大起来，涉及的行业不断增加，规模不断扩大。共享单车、共享汽车、共享充电宝、共享办公室、共享业务员……种种创新刷新着人们的想象力，同时也是对社会闲散资源进行合理利用的尝试。

既然已经组织了共享联盟，那么联盟企业就要共建、共享生态链上的人才、技术、系统、采购等所有有形的或者无形的资源，这样就大大地降低了企业投资的成本，运营效率也会更高。所有在战略配称方面的运营要素基本都可以共享。每个生态组织只需要根据"微笑曲线"，把精力集中在价值链的高利润环节，为用户创造更高的价值即可。

三、共赢——竞合关系

获利冲动是一种内在的欲望，是人性的一部分。随着市场经济的发展，"共赢"的观念逐步深入人心。很多企业为了能获得长期利益，采用各种措施吸引用户，这说明在现代市场经济中，只有与用户达成共赢关系，才能有更大的竞争优势。

生态链上的企业，也不再是传统的零和博弈关系，而是一种合作博弈的共赢关系。只有具有这种格局的企业才符合生态企业的要求，也才能进入到生态圈中来。在平等互利的前提下，实现共赢合作。

这就是共融、共享、共赢的"三共"经营逻辑。

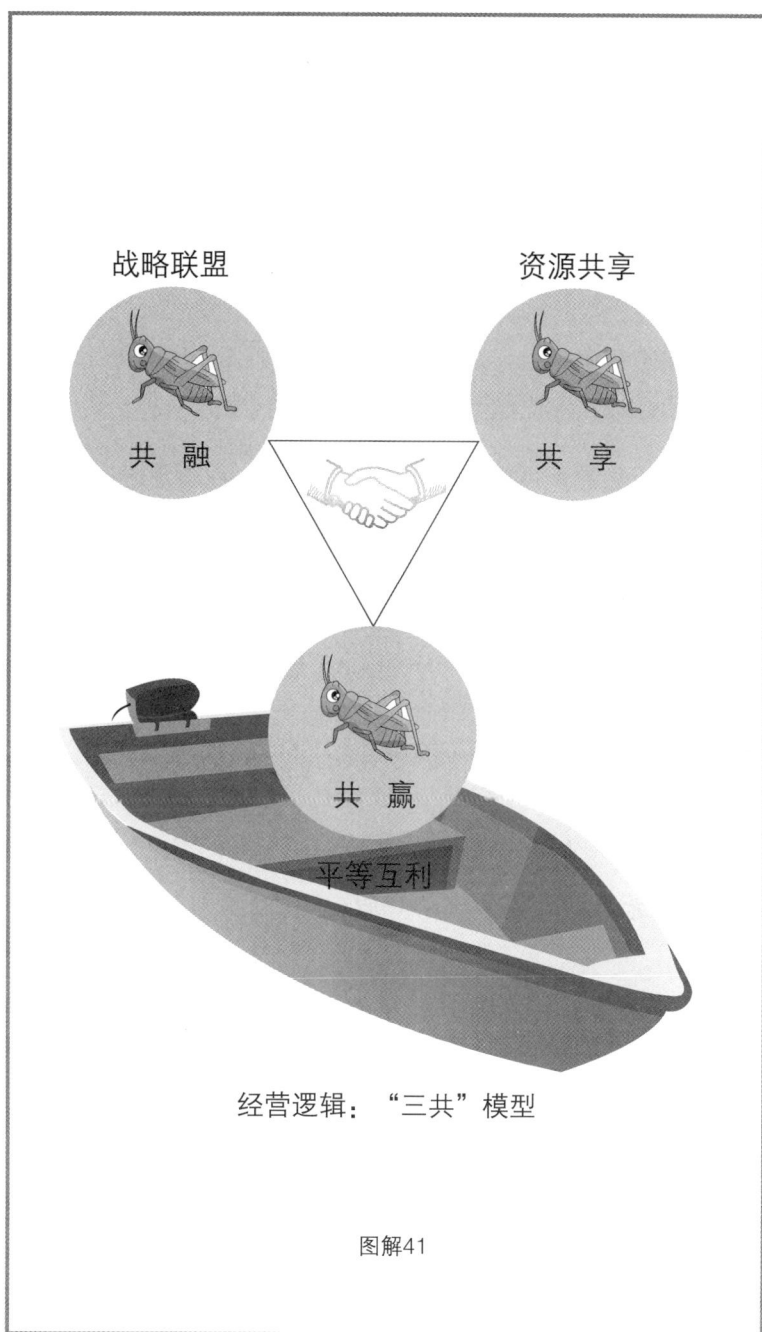

战略联盟　　　　　　　资源共享

共　融　　　　　　　共　享

共　赢

平等互利

经营逻辑："三共"模型

图解41

奇点 7. 组织变革——三无：无界、无级、无度

1985 年，张瑞敏用大锤砸掉不合格的冰箱，唤醒了海尔全员的质量意识。29 年后，他再次拿出"砸冰箱"的勇气，带领海尔开始了互联网时代的革命。

张瑞敏在海尔创业 28 周年纪念日上提出了一个"三无"目标：企业无边界、管理无领导、供应链无尺度。

企业无边界，可以归纳成企业平台化，互联网时代的企业已经打破了原有传统企业的边界概念。管理无领导，也可以体现为员工创客化，每个员工都是一个创客，本质上跟企业都是合伙关系。供应链无尺度，可以理解为用户个性化。在互联网时代，如何准确抓住用户千差万别的个性化需求，并更好地满足这些需求，成了对供应链的最大考验。

根据"同字三点"原则，笔者把组织变革概括为"三无"：无界、无级、无度。

一、无界——无边界：开放交互

"无界"就是指企业无边界。无界的体现就是开放交互。开放交互体现了观念的改变：从原来封闭的体系，变成一个开放的体系；从原来与企业内外各方面进行博弈的关系，变成交互的关系。

所谓开放，就是从过去企业不管干什么都要先看有多大的能力，有多大的能力就干多大的事儿，现在，像《宏观维基经济学》说的那样，世界就是我的研发中心。已经打破了过去那

种以企业内部为主的封闭的人力资源管理方式。

过去可能不是交互而是博弈。对供应商可能是价格博弈，对用户更多是促销的博弈。因为信息不对称，谁说得多谁可能就会得到用户的青睐。对员工来讲，博弈可能更多的是控制，怎样通过控制员工来实现企业的发展。所以，首先需要转变观念，从博弈转变到交互，通过交互来增加价值。

二、无级——无领导：人人创客

"无级"就是没有行政级别，组织扁平化，管理无领导。无级的体现就是人人创客，让员工创客化。即企业由管控组织变成了创业平台，员工由打工者变成了"创客"。

三、无度——无尺度：用户中心

"无度"指的是随着用户个性需求时代的来临，为用户生产和传递价值的模式已经突破了原有的供应链尺度。过去是以企业为中心，现在是以用户为中心，这就要求企业的供应链要进行"中心转换"。如果没有用户的个性化需求，就不需要企业改变；有了用户的个性化需求，企业就必须做出改变：企业的结构必须从层级化变成网络化、平台化，否则就要被竞争所淘汰。

给员工提供平台，员工在平台上创业。创业的目标是为了满足用户的个性化需求。最后，用户再驱动企业，企业再为员工提供平台，员工再满足用户的需求，然后又回到了企业。如此，形成了一个"三无"的良性循环。

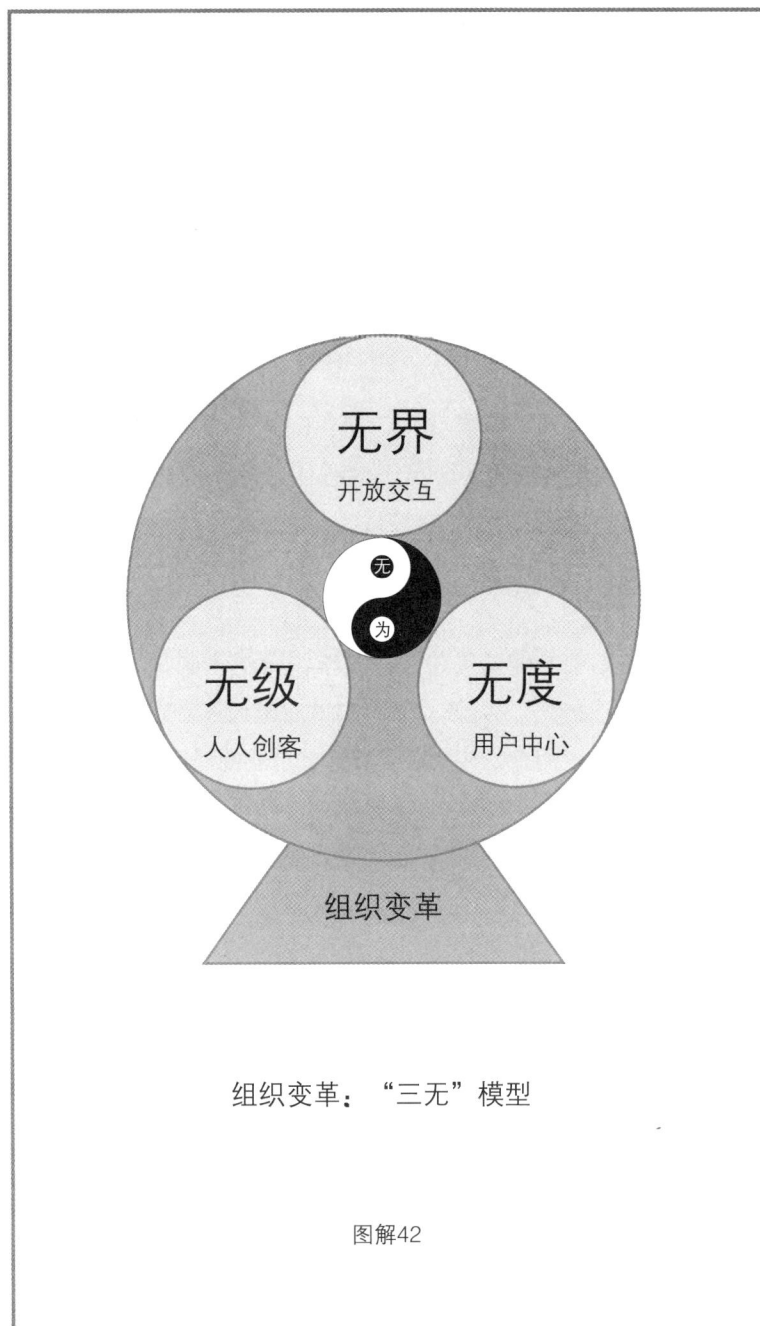

无界
开放交互

无
为

无级
人人创客

无度
用户中心

组织变革

组织变革："三无"模型

图解42

第七部分　个人成长篇

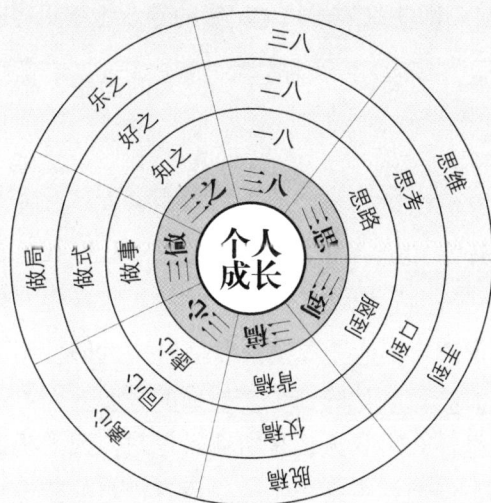

个人成长

三思　三八　三历　三心

成长高手是怎样"炼"成的

"大树"理论

大学毕业十年聚会的时候总是聚不齐，总有那么几个人不愿意参加。为什么？原因很简单，没混好。十年之后的差距跟上学时候成绩的差距差不多，每次考试之后都是几人欢乐几人愁。毕业之后也一样，十年再聚首，也是有人开怀有人忧。

为什么会有这么大的差距呢？有的人说学校不好，专业不对口。不对，我说的是同学聚会，那么就意味着起点相同，专业相同。况且，即使好的学校，抢手的专业也不见得就能混好。

那到底是什么原因，产生了如此大的差距？根源在于成长的逻辑不同。

相信大家都比较熟悉爱迪生的那句名言："天才就是百分之九十九的汗水加上百分之一的灵感。"从这句名言的字面意思来理解，"努力"应该是成就天才的决定条件。但这句话的原文是这样说的："<u>天才就是百分之九十九的汗水加上百分之一的灵感，而决定成功的往往是后面的百分之一。</u>"那这百分之一的灵感是什么？有人说是机遇。也对，因为机遇的确是很重要的方面，但却并不是根本的原因。根本的普适性的原因是成长的底层逻辑。底层逻辑对了，我们快速成长的概率就会大很多；底层逻辑不对，一切都不对。

那么这个底层逻辑是什么呢？就是"大树"理论。大树的成长跟人的成长有异曲同工之妙。"木分花梨紫檀。"这里，我们只讨论同类的对比。同样品种的树苗，有的长成了参天大树，成了"栋梁"；有的早早夭折，成了"柴火"。

每当我们感到怀才不遇的时候，抬头仰望一下大树，感受一下它的伟岸、沉稳、茂密，看看它沧桑的树干，再看看自己，是不是有种想攀缘，与之比肩的冲动？

想要成为一棵参天大树，需要符合哪些条件呢？

一、时间——两大定律：三八定律、天才定律

大树说：绝对没有一棵大树是树苗种下去，马上就变成大树的，一定是岁月刻画着年轮，一圈圈往外长！每当遇到挫折和困难，让我们看看大树，今日的枝繁叶茂绝非只是昨日所为。我们所期待的成功也不是一朝一夕的事情！

要想成功，一定要给自己时间！时间就是经验的积累！

关于时间，给大家介绍两个铁律：三八定律和天才定律。

上天公平地给了每人每天 24 小时。第一个 8 小时，大家都在工作；第二个 8 小时，大家都在睡觉；第三个 8 小时，决定人生的差距！这就是著名的"三八定律"。所以，从今天起，重新审视并规划第三个 8 小时，做好自己的时间管理吧，因为它将决定你是否能够快速成长。

作家格拉德韦尔在《异类》一书中指出，在任何领域取得成功的关键跟天分无关，只是练习的问题，如果能够坚持 10000 小时的练习，都能成为某个领域的"天才"。"天才定律"也叫"一万小时定律"或者"十年定律"。

"一万小时定律"在成功者身上很容易得到验证。

作为电脑天才，比尔·盖茨 13 岁时有机会接触到世界上最

早的一批电脑终端机，开始学习计算机编程，7 年后他创建微软公司时，已经连续练习了 7 年的程序设计，超过了 10000 小时。

音乐神童莫扎特，在 6 岁生日之前，他音乐家的父亲已经指导他练习了 3500 个小时。到他功成名就时，他的练习早已经超过了 10000 小时。

在大量的调查研究中，科学家发现，无论是作曲家、篮球运动员、小说家、钢琴家还是象棋选手，这个数字——10000，反复出现。这是"一万小时定律"被提出的事实论据。

为什么是 10000 小时？"一万小时定律"的关键在于，10000 小时是最低线，而且没有例外之人。没有人仅用 3000 小时就能达到世界级水准，7500 小时也不行。一定要 10000 小时——10 年，每天约 3 小时——无论你是谁。如果，每天练习约 6 小时，那就意味着 5 年，也可以成为一个领域的专家。这等于是在告诉大家，10000 小时的练习，是走向成功的必经之路。这就是成为"大树"的第一个条件：时间。

专注自己的岗位和专业，努力学习，相信经过 10000 小时的不断积累，一定能成为一个专家。

二、不动——两种动物：雄鹰、蜗牛

大树说：绝对没有一棵树，第一年种在这里，第二年种在那里，可以成为一棵大树的，一定是千百年来，经风霜、历风雨，屹立不动！

大树不会因为每次经历坏天气就去找避风的港湾，大树知道只要走过这遭就会再一次得到成长！恰恰是经得起狂风霜雪考验的树木才会成为参天大树！

要想成功，一定要"任你风吹雨打，我自岿然不动"，坚守信念，专注内功，终成正果！

能够到达金字塔顶端的只有两种动物，一是雄鹰，靠自己的天赋和翅膀飞上去；另外一种动物，是蜗牛。

在这里，雄鹰代表的是有先天能力、先天优势的人。拥有先天能高飞的优势，所以雄鹰能飞到塔顶，如温室里的树木，只要棚顶足够高，不经历风雪，也能长成参天大树。而蜗牛在此处是勤奋和执着的象征，坚持不懈地努力往上爬，终有一天能爬到金字塔的塔顶。

相信蜗牛的这一过程绝对不会一帆风顺，一定会掉下来，再爬，掉下来，再爬。只要它的方向坚定，路线就一直向着塔顶。但是，蜗牛只要爬上了金字塔顶端，它眼中所看到的世界，它收获的成就，跟雄鹰就是一模一样的。

在这个世界上，每个人都希望做能够凌空飞翔的雄鹰。但有一种叫作生活的东西，不得不让有些人变得像蜗牛一样，背负着沉重的行囊。

没有雄鹰的天赋，就必须具有蜗牛的毅力。只有拼搏奋斗，坚定信念，初心不改，在到达终点的道路上，终究会留下一丝让自己感动的痕迹。

到处挖坑，不如纵深凿井。每个成功的人都是在自己专业的道路上默默凿井的人。尤其是工作的前十年，尽量不要频繁地更换工作，尤其不能轻易变换行业，这就是"大树"理论的第二个条件——不动。因为只有在一个行业坚持练习10000小时，才能成为专家。否则，浅尝辄止，终将一事无成。

三、根基——三大定律：荷花定律、竹子定律、金蝉定律

大树说：我有千百万条根，粗根、细根、微根，深入地底，忙碌而不停地吸收营养，成长自己。绝对没有一棵大树，没有根！也绝对没有一棵大树的根不深入地底！根基是大树吸取营养的源泉，没有根就不会有大树。如果根基不牢，大树就会被风吹倒，甚至连根拔起。只有不断地从大地母亲的怀抱中吸收养分，使自己的根基壮大、牢固，才能经得起岁月和时间的考验，才能厚积薄发！

要想成功，一定要不断学习，不断充实自己，夯实基础，才能厚积薄发！

为什么世界上的绝大多数人都是平庸无奇的？因为大部分人总是熬不过一个点——"临界点"。这一个小小的点，却划分了整个世界的平庸者和伟大者。世间所有的过程都有这个点，这个点之前的逻辑和这个点之后的逻辑，是完全不一样的，一旦迈过这个"临界点"，所有过程都会发生质变。

关于成功，有很多定律，比较有名的有"荷花定律"、"竹子定律"和"金蝉定律"。

做个脑筋急转弯：一个池塘里的荷花，每一天都会以前一天的2倍数量开放。到第30天，荷花就开满了整个池塘。请问：到第几天荷花能开满池塘的一半？答：第15天。错，正确答案是第29天。这就是"荷花定律"，也叫"30天定律"。

无论是人生还是创业，开始的时候付出全部努力，玩命地干。一天、两天、三天，越来越枯燥，越来越着急，所以大部分人

只坚持了 29 天，到最后那一天却放弃了，离成功只有一步之遥。很多放弃的人其实不知道，自己并没有失败，只是暂时还没有成功而已。所谓"行百里者半九十"，前 29 天的积淀都是为了第 30 天的成功。

据说人这一生大概能遇到 7 次左右的机会，都是可以改变人生的机会，而这样的机会往往都是在前期日复一日地投入和坚持之后才能遇到的。所以，如果有梦想就要先动起来，然后坚定不移地去执行。

四川地区有一种毛竹，四年时间，只长了 3 米。从第五年开始，却能以每天 30 厘米的速度疯长，只用 6 周时间就长到了 15 米。原来，开始的四年，竹子都是在地下努力，它的根系达几公里远。这么强大的根系，才能让它在第五年加速度成长。这就是"竹子定律"。

什么叫价值？同是两根竹子，一支做成了笛子，一支做成了晾衣竿。晾衣竿不服气地问笛子："我们都是同一片山上的竹子，凭什么我天天日晒雨淋，不值一文，而你却价值千金？"笛子说："因为你只挨了一刀，而我却经历了千万刀，精雕细琢。"晾衣竿沉默了。人生亦是如此，经得起打磨，耐得起寂寞，扛得起责任，肩负起使命，人生才会有价值！看见别人辉煌的时候，不要嫉妒，因为别人付出的比你多！

金蝉，在地下要忍受三年的寂寞和黑暗，美国有一种蝉更久，要在地下生活 17 年。忍受各种寂寞和孤独，依靠树根的汁一点点长大，然后在夏天的一个晚上，悄悄爬到树枝上，一夜之间蜕变成了知了。然后在太阳升起的那一刻，它就可以飞向天空、冲向自由。这就是"金蝉定律"。

无论是荷花定律、竹子定律，还是金蝉定律，都有共同的意义：成功，需要厚积薄发，需要忍受煎熬。经得住诱惑，耐得住寂寞，直到最后成功的那一刻。

越接近成功越困难，越需要坚持。无论是创业还是人生，我们缺少的不是能力、技巧、模式，需要的是坚持和毅力，只有坚持量变，才能最后完成质变，才能突破成功的"临界点"，取得最后的成功。只有不断夯实基础、积蓄力量，才能厚积薄发、蓄势待发，才能取得更大的成功和更快的成功。

四、向上——两大思维：圆满思维、富人思维

大树说：绝对没有一棵大树只向旁边长，长胖不长高；一定是先长主干再长细枝，互有空间，绝不打结；越向上长，空间越大，越能成为一棵大树！

园艺师都有这样的体会：多余的残枝只能装点暂时的茂盛，而对大树最终成材却是累赘；大树之所以能成栋梁，要靠不断地修剪枝叶。所以大树懂得一直向上，向上，再向上！

要想成功，一定要向上！不断向上，才会有更大的空间！

在这里介绍两大思维：圆满思维和富人思维。

安徽宏村是古黟（Yī）桃花源里一座奇特的牛形古村落。整个村落枕雷岗面南湖，山水明秀，享有"中国画里乡村"的美誉。宏村里有一个著名的"月沼"，蕴含着丰富的人生哲理。"月有阴晴圆缺""人有悲欢离合"。人的一生是很难做到圆满的。但不管最终结果如何，我们追求美好人生的主观意愿必须是积极的，目标必须是圆满的。所谓"谋事在人，成事在天"，"主观上追求圆满，客观上接受不圆满"，这就是星火国际的马德

高先生总结的"圆满理论"，也就是要不断地追求完美。

给自己一个什么样的目标定位，决定了你成长的速度和长度。

当有一个清晰的个人定位和人生目标的时候，你就知道什么事应该做，什么事不该做，什么事是重要的，什么事是不重要的。我们要做到：人生有方向，三年有愿景，年年有规划，月月有目标，周周有计划，日日有行动，时时有觉察。这是一个非常好的成长方向。

思维决定行为，行为产生结果。不一样的思维就会带来完全不同的结果。思维的高度，决定我们看到世界的广度。

富人思维是"以终为始"，是想成为谁，就按照那个标准去做。你想成为首富，定下了这个目标，然后按照这个目标去行动、去努力、去整合资源，最终实现你想要的样子。

五、向阳——做三种人：疯子、瞎子、聋子

大树说：绝对没有一棵大树长向坑洞，长向黑洞。大树心中的目标是一定要积极地寻找阳光！大树体会到必须为自己争取更多的光明，才能不断成长！

要想成功，一定要心向光明！所有的挫折都是成长！遇到任何困难都要积极地面对！

有三种人最值得我们效仿！要想成功，就要做"疯子"、"瞎子"和"聋子"！

"疯子"就是打破常规，不遵守规则的人。不自我设限、不自找困惑，目标只有一个，就是"远方"！

"瞎子"因为看不到外面的世界，所以内心永远是光明的。他的目标只有一个，就是"向阳"！

"聋子"就是坚持必胜的信念，不人云亦云，持之以恒。他的目标也只有一个，就是成功！"不去想是否能够成功，既然选择了远方，便只顾风雨兼程！"

懂得了"大树"理论，哪怕我们现在只是"小小树苗"，只要肯付出时间、坚定信念、夯实基础、坚守目标、不懈努力，就一定能早日长成"参天大树"。

图谱七：个人快速成长模型

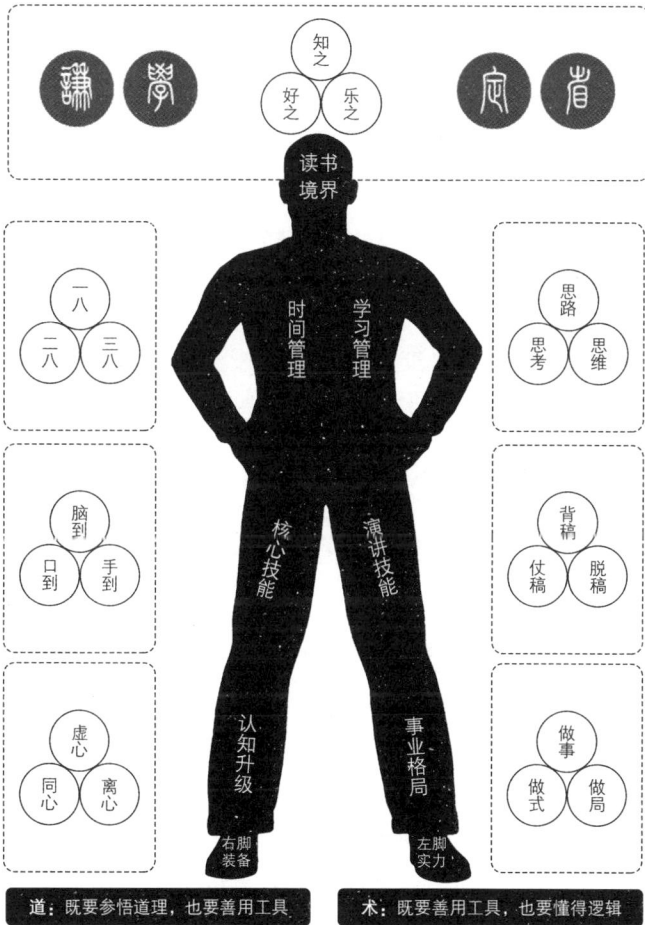

奇点 1. 时间管理——三八：一八、二八、三八

在遭遇挫折时，有人往往哀叹命运不公，人世凄凉，抱怨自己的出身不好，起点太低。这个世界上有很多事情可以选择，唯独有一样无法选择，就是出身。

命运是否公平，不同境遇的人有不同的理解。有的人出生在富足家庭，从小挥金如土，最终却沦为乞丐。有的人出生在贫寒之家，从小奋发图强，终成千万富翁。每个人所处的环境确实是千差万别，但是有一样东西，却被认为是世界上最公平的，那就是时间。

时间有三重特性：交易、消费、投资。人与人的差距，其实主要是由第三个 8 小时造成的，这就是著名的"三八理论"。

一八：工作的 8 小时——交易

工作的 8 小时，是交易的 8 小时。你付出给老板 8 小时，每月 176 小时（按每月约 22 个工作日计算），老板回报给你每月 10000 元工资，这是交易。老板为你付出的时间成本就是 56.8 元 / 小时。所以，你要衡量一下，每小时是否能创造大于 56.8 元的价值。如果没达到这个标准，你就是负债型员工，是没有价值或者当前价值不大的员工。作为员工，在工作中，要效率和质量并重。从时间维度来说，效率是第一位的。提高效率的前提是落地计划清单和时间颗粒度的划分。有的人上班之后就浑浑噩噩，不知道一天的工作目标是什么，8 小时具体如何分配。

没有清晰的目标就没有阶段性的成果意识，就容易造成工

作的拖沓和延迟，就可能无法在 8 小时内高效地完成工作，就可能挤压剩余的两个 8 小时，也就有可能导致恶性循环。

二八：休息的 8 小时——消费

休息的 8 小时，是消费的 8 小时。但是这个消费是属于生活必需品等生活保障类消费。有的人第一个 8 小时的价值比较高，那第二个 8 小时的消费空间可能就比较大。反之，如果第一个 8 小时效率不高，就可能加班加点，而且还要挤占剩余的两个 8 小时。要么睡眠不足，影响健康；要么没有娱乐、社交和学习，影响生活品质。理想的状态就是保证正常的睡眠，养足精神，这样才能更好地投入到第二天的 8 小时工作当中。

三八：剩余的 8 小时——投资

剩余的 8 小时，是投资的 8 小时，但现实中每个人的利用方式都有差别。有的人把这最珍贵的时间用在打游戏上，有的人用在看电视上，有的人用在刷屏上。这些行为都属于过度消费，因为这是生活必需品之外的消费。还有人直接用在上班的路上，每天上班两个小时，如果在交通工具上再无所事事，要么听音乐，要么补觉，那也同样属于过度消费。

真正细算起来，我们真正不被打扰，可以独处的时间也仅有 2 ～ 4 个小时而已。如果把这最珍贵的不被打扰的 2 ～ 4 小时用来学习，这就是投资。因为这样会形成正向、良性的价值循环。

投资（学习成长，能力提升）→回报（升职加薪或业绩倍增，提高收入）→消费（充分的时间保证睡眠，还有额外的时间社交、娱乐）→投资（宝贵的几个小时已经习惯地用于投资学习），循环往复形成了一种固定的良好习惯。

以上就是令人震撼也令人反省的"三个八小时"理论。蓦然回首，有多少个剩余的 8 小时都被我们虚度了，有多少个剩余的 8 小时都被我们过度消费了，又有多少个剩余的 8 小时悄悄地从我们的指缝间溜走了。从现在做起，从我做起，珍惜剩余的 8 小时，投资自己，丰满自己，成就自己吧。

记住，人生的不同，由第三个 8 小时创造。善用第三个 8 小时，持之以恒，日拱一卒，就能创造不一样的人生。

工作的8小时

交 易

（舍）高效换取价值

休息的8小时

消 费

（得）身体是革命本钱

剩余的8小时

投 资

（舍）学习是最好投资

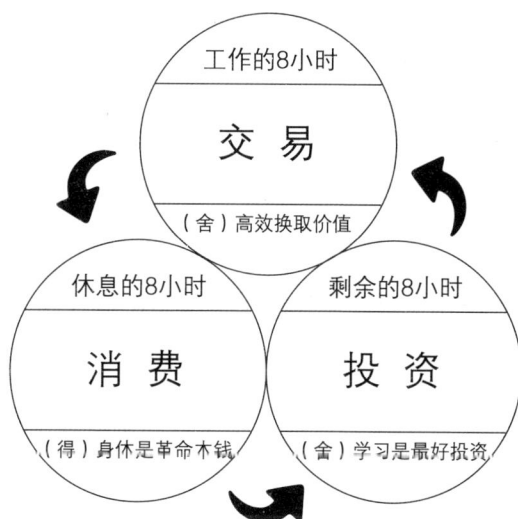

时间管理："三八"模型

图解43

奇点 2. 学习管理——三思：思路、思考、思维

在这个强调"活到老、学到老"的终身学习时代，每个人都应该学会如何进行学习管理。

为什么有的人学习造诣很深，能够影响很多人？为什么有的人看似学了很多大道理，但依然过不好这一生？差距在于没有很好地进行科学的学习管理。

学习管理是指利用管理学的方法，通过计划、组织、领导、控制等手段，把学习程序化、流程化、规范化，创建最佳方案，从而达到高效学习的目的。

这种管理模式主要针对的是学习型组织的管理，关于个人学习，却没有这么复杂。

根据"同字三点"原则，笔者把个人的学习管理概括为"三思"：思路、思考、思维。

一、思路——如何快速学习

"思路"指的是如何学习的思路，是快速学习的模式。读的书多就代表学问很大吗？不一定。如果只是泛泛地读书而没有深入地研究，那只能说有一定的知识面，但是没有形成自己的知识体系，只是停留在了解的层次，可做茶余饭后的谈资，但不能转化为生产力。一知半解甚至是纸上谈兵的东西，不能指导实践。

刘润老师在《5 分钟商学院》里介绍了一个商业顾问快速学习的好方法，笔者修改简化了一下。

第一步，大量泛读。买评价最高的3本书，再买5本相关的书，然后开始泛读，泛读要注意三点：

首先，用5分钟看自序，5分钟看目录。作者会在自序梳理框架逻辑，在目录提炼核心观点。

其次，用15分钟泛读。略过故事，略过案例，略过证明；标注概念，标注公式，标注核心观点。

最后，用5分钟简单回顾。记录下自己的困惑、问题和想法。

第二步，建立模型。找一面巨大的白板墙，把标注的概念、公式，写在即时贴上，贴到白板上，再用白板笔和板擦，建立、修正它们之间的关联，逐渐形成系统模型。当然，这些都可以用电脑中的作图工具代替，更容易修改和保存。

第三步，理解复述。

二、思考——如何学以致用

有了很清晰的学习思路和高效方法之后，就要思考。"学而不思则罔，思而不学则殆"，这句话是孔子所提倡的一种读书方法。指的是一味读书而不思考，就会因为不能深刻理解书本的意义而不能合理有效利用所学知识，甚至会陷入迷茫；而如果一味空想而不去进行实实在在的学习和钻研，则终究是沙上建塔，一无所得。告诫我们只有把学习和思考结合起来，才能学到切实有用的知识，否则收效甚微。

那思考如何进行呢？要跟工作结合，把学到的知识用于指导自己的工作实践。每读完一本有价值的书，跟工作结合比较紧密的，都写一份工作报告或者做一场培训，运用书中的理论指导实践工作，落地改进。

三、思维——如何改变认知

学习的最高境界，就是改变人的认知结构，提升思维。美国哈佛大学前校长陆登庭说：成功者和失败者的差异，不是知识，不是经验，而是思维能力。

只有改变认知结构的知识才是真正有价值的知识，把新知识和原有的知识进行嫁接、融合甚至重组，这样才能对搭建认知结构有帮助，否则就属于无效学习。再高一个层次，就是改变一个人的思维。

在这个瞬息万变的社会，如果思维不改变，认知不提升，就会被时代淘汰。所以，认知要不断升级，思维要与时俱进，否则思路就会固化，思考也会无所得，思维也会僵化。

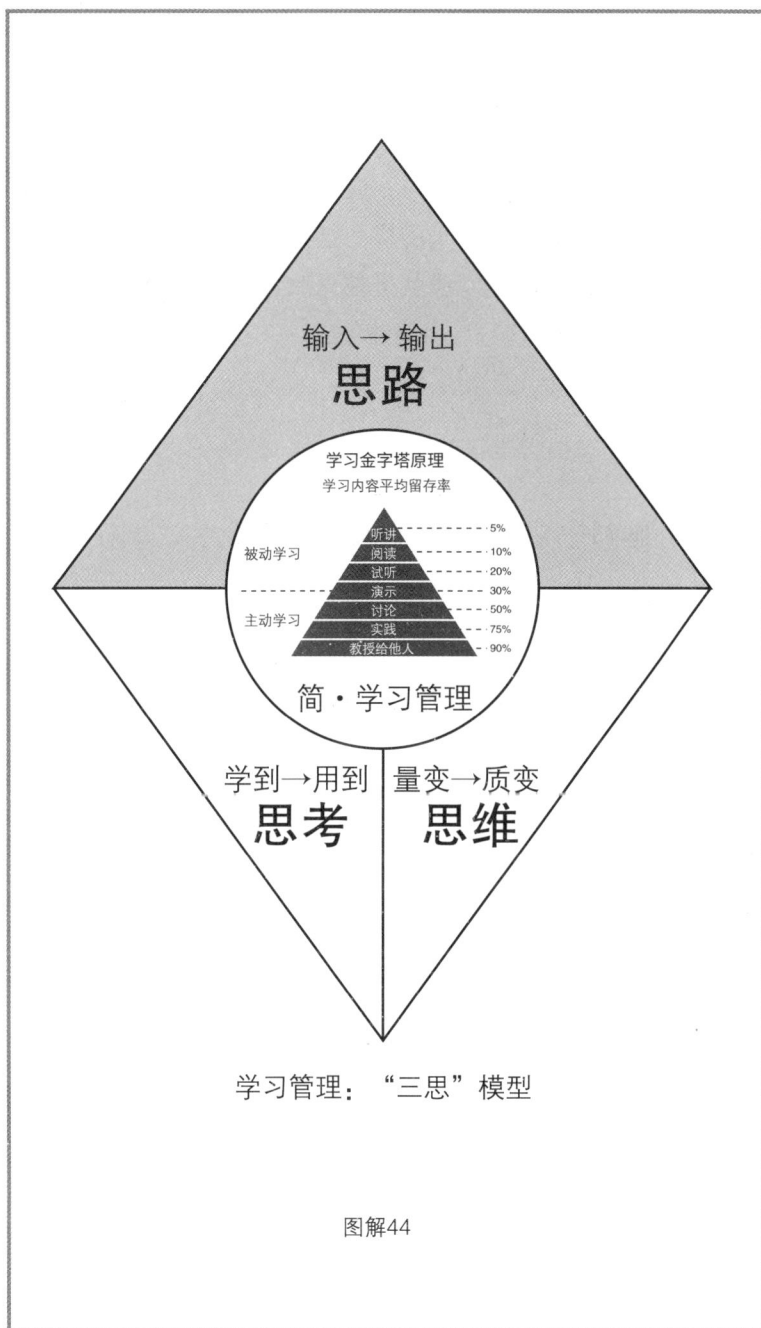

输入→ 输出

思路

学习金字塔原理

学习内容平均留存率

被动学习	听讲 --------- 5%
	阅读 --------- 10%
	试听 --------- 20%
	演示 --------- 30%
主动学习	讨论 --------- 50%
	实践 --------- 75%
	教授给他人 --------- 90%

简·学习管理

学到→ 用到　　量变→ 质变

思考　　**思维**

学习管理："三思"模型

图解44

奇点3. 核心技能——三到：脑到、口到、手到

思维力、学习力、执行力，这个"三力"模型冲击了人们的固有观念，快速掌握成长的核心技能，真正地从逻辑上掌握快速成长的本质。这个本质就是首先改变人的思维。这里的思维指的不是逻辑思考能力，而是换位思考、逆向思考的逻辑。

根据"同字三点"原则，笔者把核心技能概括为"三到"：脑到、口到、手到。

一、脑到——思维力：底层成长逻辑

每个企业都存在一种矛盾，即老板和员工的矛盾。不管在生活中亲疏远近，这两类人在工作上，永远都是对立的，而且是不可调和的。要求和结果之间的差距大小，决定着他们之间矛盾的大小。

一个企业中有三种人：奉献者、打工者和偷懒者。奉献者是收入小于回报的人，打工者是收入等于回报的人，偷懒者是收入大于回报的人。很容易理解，老板给你4000块钱工资，你干了6000块钱的活，还无怨无悔，这就是奉献者。老板给你4000块钱工资，你就干了4000块钱的活，多一块都不干，这就是打工者。老板给你4000块钱工资，你只干了3000块钱的活，这就是偷懒者。

打工者无可厚非，是用自己的劳动换取对等的回报。奉献者和偷懒者，老板喜好立见。

我们再分析一下老板和员工的思维。老板的思维就是"奉献者"思维，希望所有的员工都跟他一样无私奉献。最讨厌的就是偷懒者，心想这种人迟早得淘汰掉。打工者呢？也就那样吧，没什么前途，整天混日子。那奉献者呢？老板每天见到你都感觉欠你 2000 块钱，这 2000 块钱将一直牵动他的心，因为他觉得亏欠你。所以，只要有机会，他就一定会想办法补偿你，因为他怕你炒他鱿鱼。所以，新员工首先要换位思考，运用逆向思维重新思考成长逻辑。有人想，你是不是在帮老板给我们"洗脑"？不对，这是在帮你，改变不了别人，就先改变自己。这就是"脑到"。

二、口到——学习力：成长必备技能

所谓"口到"，就是要多总结、多分享。根据"学习金字塔原理"得知，"讲授"是最高效的学习方式。要不断提高自己的专业能力，就要针对自己的工作所需不断地充电。

首先，学习内容要为我所用，有了余力才去涉猎兴趣读物。

其次，就是要学会分享、学会交流，不断总结、不断进化自己学到的内容，培训就是一种非常好的学习方式。你在给别人培训之前，一定会刻意地、精心地去准备培训的内容，再经过培训的过程，自己对讲过的内容又会有更深刻的理解和感悟，过程中又能修正你的理解甚至更正你的观点。

三、手到——执行力：实践应用能力

一个新员工刚进入职场，99% 的工作都是在执行，所以，除了要做到"脑到""口到"，更重要的还要做到"手到"。培养自己的动手能力，也就是执行力。执行力包括两个方面：

第一，执行的态度。

新人往往眼高手低，小事不愿意做，大事做不了。看看单位那些前辈，哪个不是从这个阶段过来的，所以，无论你是哪个高校、什么学历的高才生，到了职场，都首先是个小学生，这就是规则。

第二，执行的能力。

首先，要迅速地把学到的知识体系和工作所学的理论知识进行匹配和对标，看是否符合，还有哪些偏差和不足，迅速补足短板。

其次，就是学以致用，动手实践，在实践中学习前人的成功经验，在摸索中改良、改进前人的方法，逐步形成自己的一套高效的执行模式和方法。

用脑磨炼思维，用口学习知识，用手锻炼技能。三者合一，则知行合一，天下无敌！

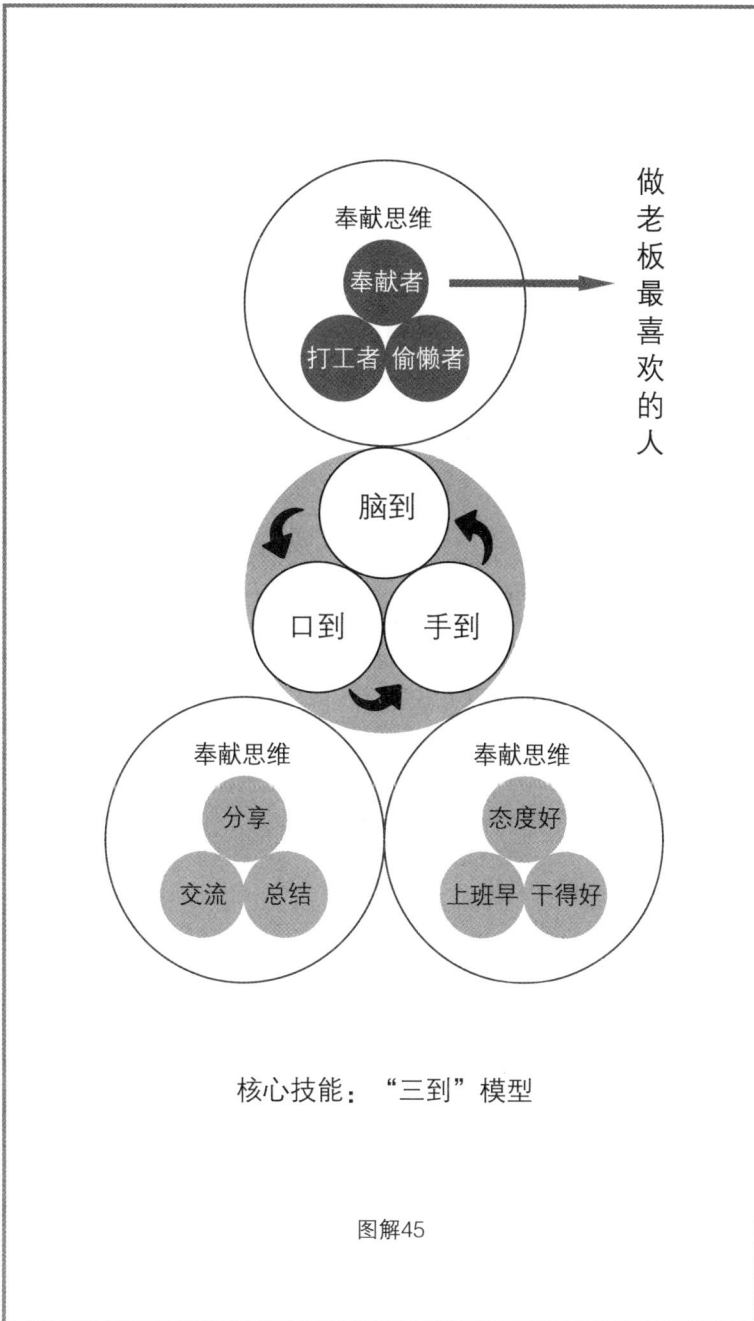

做老板最喜欢的人

核心技能："三到"模型

图解45

奇点 4. 演讲技能——三稿：背稿、仗稿、脱稿

企业中有两种工作模式的对抗：一种是说 / 知，一种是做 / 行。我们不去评判哪种是对的，哪种是错的。只能说是分工不同，就看企业怎么正确地引导和使用。用好了，可以以一当百；用不好，就会成为所谓"内向"员工或者"无能"员工不改变、不进取的移动靶子或向老板争取利益的猎枪。

你有没有注意到一个现象：越成功的领袖，演讲能力越强。或者可以反过来说，演讲能力越强的人，越可能成为领袖。为什么？因为影响力是成为领袖的必要条件，而演讲是实现影响力最重要的方法之一。那么，该如何打造演讲技能呢？

根据"同字三点"原则，笔者把演讲技能的三种阶段归纳为"三稿"：背稿、仗稿和脱稿。

一、背稿

我们最讨厌这样的"演讲"：演讲者缓缓上台，从西装口袋里掏出几页讲稿，然后开始朗读，过程中一直低头念稿，甚至时不时摘下眼镜，揉揉眼睛再戴上，完全不顾台下听众的感受。听众也早已神游万里之外了，听这种"演讲"就是煎熬。

比这种念稿更好一点儿的就是背稿，这种状态一般出现在演讲者的初级阶段。这个阶段因为演讲者没有太多的知识储备，不能灵活地处理演讲的内容，只能按照既定的内容背稿，所以也叫"背诵式演讲"。这种演讲，演讲者几乎把所有心力都用在了回忆上，活生生地把演讲变成了记忆比赛。

这种演讲的至暗时刻就是断片儿，而且也最容易断片儿，因为这种演讲不能被观众的情绪影响，一旦受影响就会打乱演讲者的背稿节奏，就极容易出现断片儿的情况，一旦断片儿，就很难再续。即使停了三秒钟后又想起来了，整个演讲的效果也大打折扣了。

二、仗稿

仗稿指的是什么呢？指的是演讲稿只是一个演讲的辅助工具，它可以为演讲者提示演讲的逻辑或重要的、关键的信息。逻辑和素材可以提前准备，文字必须现场组织，这就像菜谱和原材料等可以提前准备，但是必须现炒现吃。现场组织语言的能力，就是你的"厨艺"。那么演讲工具都包括哪些呢？

第一，PPT——演示文稿软件。把演讲的逻辑和关键内容做成 PPT，但是切忌把 PPT 做成 Word 稿，把大篇的文字都呈现在 PPT 上，这是最糟糕的，自己看不清，观众不愿看。

第二，手卡——演讲提示词。可以在一些小卡片上写好演讲的核心逻辑、关键数据、主要案例、重磅金句、备用附录等，再按照演讲顺序放好，然后就可以上台演讲了。

三、脱稿

脱稿是演讲的最高阶段，更多用于动员会、誓师会和即兴讲话等场合。

脱稿一般都需要打个"腹稿"，就是提前几分钟在心里梳理一个演讲的逻辑，具体素材肯定是基于自己长期的积累或者临场就地取材的能力了。

脱稿演讲不是背稿，而是在充分练习的基础上，把 PPT 或手卡的核心逻辑写在心里。当手卡越来越少的时候，离脱稿演讲就越来越近了。

脱稿演讲的最高阶段就是即兴讲话，这需要演讲者掌握一定的演讲逻辑和技巧，但是最核心的还是需要演讲者具备一定的专业能力和综合素质。

在出版行业，演讲是一种核心竞争力，其实在其他行业也同样。演讲需要天赋，更需要刻意练习。

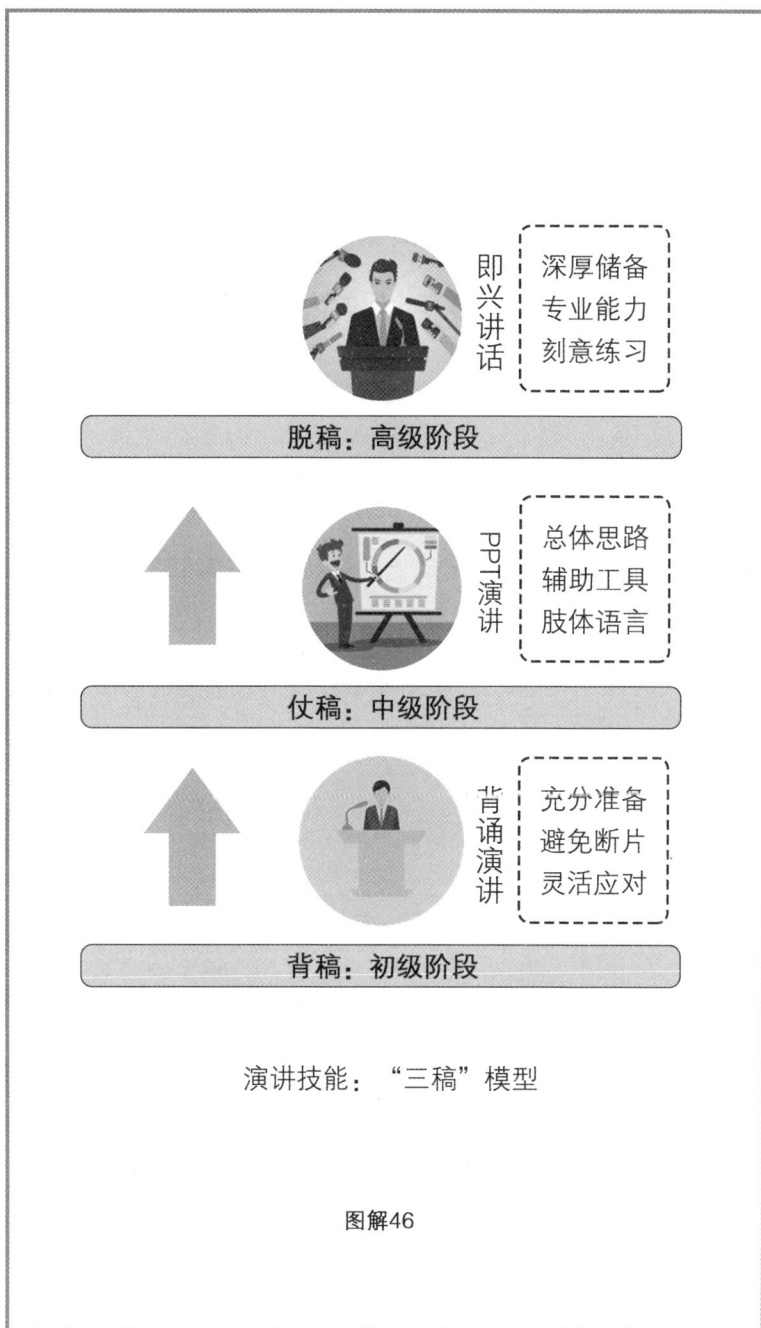

即兴讲话

深厚储备
专业能力
刻意练习

脱稿：高级阶段

PPT演讲

总体思路
辅助工具
肢体语言

仗稿：中级阶段

背诵演讲

充分准备
避免断片
灵活应对

背稿：初级阶段

演讲技能："三稿"模型

图解46

奇点 5. 认知升级——三心：虚心、同心、离心

一个企业的成长，取决于企业家的认知边界。要想企业生生不息，企业家就要不断地进行认知升级。

一个人的成长，也取决于个人的认知边界。要想不断提升、快速成长，也要不断地进行认知升级。一个人认知的状态一共有四种级别：

第一级："不知道自己不知道"；第二级："知道自己不知道"；第三级："知道自己知道"；第四级："不知道自己知道"。如果说一个人真正开始有所成长，那应该是从第二级开始的——知道自己不知道。

认知升级的核心动力首先源于自我要求进步的态度，其次在于进步的方法。

根据"同字三点"原则，笔者把认知升级归纳为"三心"：虚心、同心、离心。

一、虚心——放空自己，才能继续前行

认知升级的最基本途径就是假设自己无知，并对自己所接触的一切都保有旺盛的好奇心，这是提升认知能力和速度的最简单的方式。

乍一听大家都觉得很简单，就是时刻保持着一种空杯的心态，但要真正做到是不容易的。我们每个人都不是孤立的个体，在社会生活中需要时刻和别人打交道，成为人际关系相处大环节之中的一环。而在此过程中，出于本能，我们会尽力去维护

自己的脸面，捍卫自己的尊严和权威，也就避免不了在某些问题上想要与别人一争高下。

这个时候，就要运用"麦穗理论"武装自己。不熟的麦穗，总是昂首挺胸，成熟的麦穗却总是低垂着头。放空自己，是认知升级的前提条件；放空自己，才能继续前行。成熟的人总能虚心地放空自己，做到"知道自己不知道"。

二、同心——围绕专业，强化核心能力

认知升级除了态度，就是方法层面。总体上，应该围绕自己的专业，强化自己的核心竞争力，不断螺旋上升式地增强自己的知识储备，提升自己的认知层级。具体来说，就是以自己的专业为圆心，明确自己的专业认知半径，然后时刻不停地开动学习马达，不断地建构自己的专业"同心圆"认知模型。

这需要的是聚焦，即聚焦专业领域。纵深凿井，切忌到处挖坑。一定要认准方向，然后持之以恒地顺着一个方向深挖，这样才能打出"水"来，品尝知识的甘甜。

三、离心——突破自己，跳出核心圈层

"同心圆"模式打造的是专业人才，更具体地说是技术人才。专业积累到一定程度，我们就需要拓展自己的知识边界，向着更综合的能力边界拓展。这就需要采用"离心圆"模式，即在自己的专业半径之外，再重新确定一个或几个圆心，重新打造自己的认知模型，这样就形成了以"同心圆"模型为主要圈层，其他配套圈层为辅助的立体生态的认知结构。

这就是人才培养或人才成长的"先专后通"模式。先在自己的专业领域纵深挖井，具备了核心竞争优势之后不断地拓宽、

深化,围绕自己的"专业井"再挖几个"辅助井",形成保护圈层,从"T型"人才发展到"锥型"人才,不断提升自己的综合竞争力。

　　"虚心"是基础圈层,"同心"是核心圈层,"离心"是拓展圈层,"三心"共同组成了认知的生态圈层。

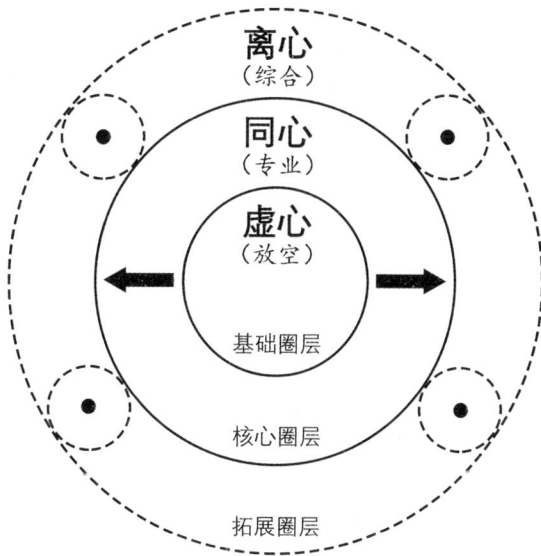

离心
（综合）

同心
（专业）

虚心
（放空）

基础圈层

核心圈层

拓展圈层

认知升级："三心"模型

图解47

奇点6.事业格局——三做：做事、做式、做局

这是一个社会阶层不断固化的时代，但也是一个逆袭随时可能发生的时代。如果一定要给社会分层的话，个人认为应该这样划分：做事的是"下层人"，做式的是"中层人"，做局的是"上层人"。

"做事"的往往是工薪阶层，"做式"的往往是创业者和企业家，而"做局"的往往是背后的资本集团、投资家，他们永远都静坐在幕后。

根据"同字三点"原则，笔者把人的三种事业格局归纳为"三做"：做事、做式、做局。

一、做事——事道

"做事"指的是从事某项工作或者处理某件事情。把一件事情做好是一个人的基本能力，它遵循的是"事道"，讲究的是"技术"。事，从来就有大小之分、远近之别。但小事一直连着大事，近事从来牵着远事。如果做起事来见小忘大、顾近忘远，则小事难做好，近事难做全。

"做事"的人在初级阶段靠"技术"，高级阶段靠"品牌"。"专业主义"胜于一切，既然靠手艺吃饭，就要踏踏实实地勤恳努力，让自己成为一个领域的专家，这就是"事道"。成了某个领域的专家之后，还要进一步建立自己的"品牌"，然后通过传承自己的"技术"，从而影响更多"做事"的人把事情做好。

二、做式——世道

"做式"指的是做事的方式以及模式。穷人"做事",富人"做式"。这里面有一定之规,却又不循规蹈矩。模式指的是从不断重复出现的事件中发现和抽象出的规律,是一种对于具体做事思维模式的重大突破,是人们在生产生活实践当中通过积累而得到的经验的抽象和升华。

这种人往往并不在意一件事如何做好,他们考虑的是设计出一个什么样的模式,能让那些喜欢做事的人更好地去做事。它遵循的是"世道"。例如:亨利·福特引入了大批量汽车生产以及大批量工厂管理的方法,更别具匠心地设计了以移动式流水线为代表的新生产序列。这对当时美国制造业来说是一次翻天覆地的改革创新。通过这种生产模式的改革,福特 T 型车飞入了美国平民百姓家。

三、做局——天道

人生和社会就是一盘棋局。"局"的本意有限制、固定、拘束的意思,可见有利必有局,人生就是困在各种各样的"局"中,每个人都因害怕"出局"而"做局""谋局""布局""设局"。

聪明人为利设局,智慧者局无定式、法无定法,一切遵从"天道",人法地,地法天,天法道,道法自然。

在全球一体化的今天,在信息毫无隐藏的当下,竞争越来越激烈,社会越来越复杂。做局的人靠的是脑子,是境界,是层出不穷的思维深度,是无为无不为的气量与胸怀,远非"做事"和"做式"的人所能理解与参悟。

全局一盘棋，谁胜谁负，设局之初，已有定数。未曾开局，胜负已定。为了使组织机制更好地运转，做局者默默地在幕后布置一个大局（系统）。真正做大局的人，并不在意利益得失与成败论定，玩味的就是局中的境界与心态。运筹帷幄、决胜千里，循环往复、生生不息，这叫"做局"。它遵循的是"天道"。

这就是三种不同人的事业格局，从"做事"的人，到"做式"的人，再到"做局"的人，其实就是"技术→模式→系统"的升级，也是"事道→世道→天道"的演化，归根结底是一个人认知和格局的提升。

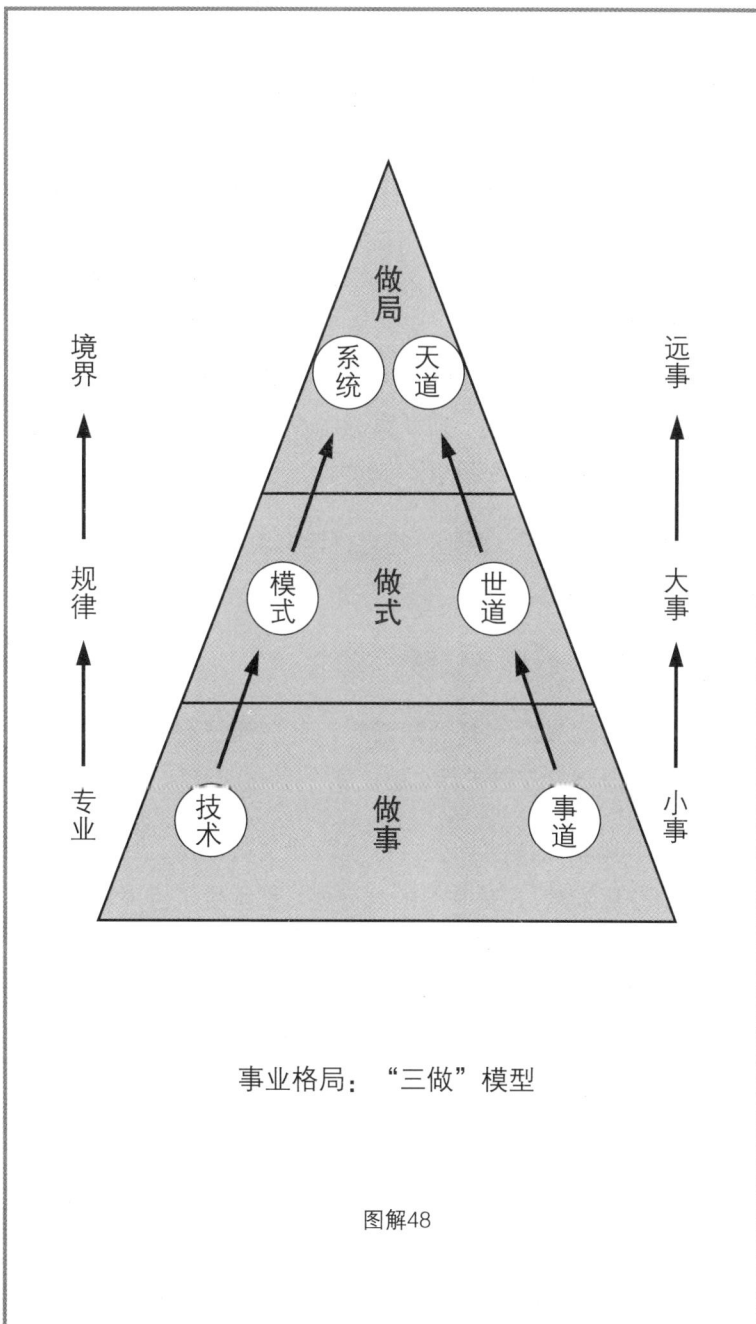

境界

远事

↑

↑

规律

大事

↑

↑

专业

小事

做局

系统　天道

做式

模式　世道

做事

技术　事道

事业格局："三做"模型

图解48

奇点 7. 读书境界——三之：知之、好之、乐之

子曰："知之者不如好之者，好之者不如乐之者。"大意是：对于学习，了解怎么学习的人，不如喜爱学习的人；喜爱学习的人，又不如以学习为乐的人。学习知识或本领，知道它的人不如爱好它的人接受得快，爱好它的人不如以此为乐的人接受得快。这个理论也是 2500 年来一直指导教育的原则——"兴趣是最好的老师""爱是一切教育的源点"。喜爱学习并以此为乐的人才能产生源源不断的学习动力。

根据"同字三点"原则，笔者把读书境界归纳为"三之"：知之、好之、乐之。

一、知之——理智层面

第一境界：知之，是"知道"。是在理智层面，知道自己不知道，知道自己应该学什么。

在这个竞争激烈的社会，不学习就要被淘汰。所以，无论是国家的教育政策，还是家长的教育观念都发生了巨大转变。"再穷不能穷教育，再苦不能苦孩子"，"不能让孩子输在起跑线上"，都说明无论哪个层面都已经知道，学习是第一生产力，教育是改变命运的第一法门。所以，才有了"学习机器"和"高考工厂"，因为他们知道考出好成绩，进入好的大学就意味着能有一个好的前途。

这是工作之前的状态，大部分人都知道学习是第一要务。但是工作之后，尤其是刚入职场的新人，每天追剧、刷屏，因为他们认为在学校里已经学完了、学够了，工作之后就应该轻

松了。其实，工作才是学习的真正开始、社会才是真正的大学。

优胜劣汰，适者生存。在这个瞬息万变、新事物层出不穷的时代，学习既是时代的要求，也是社会竞争的需要。学习既是形势所迫，更是一个成熟的职场人理智的选择。

二、好之——感性层面

第二境界：好之，是"喜爱"。是在感性层面，对于学习这件事的兴趣爱好和情感倾向。一旦对学习产生了兴趣，就不再是被动的工作需要，而是主动的感性需求。如果学到的知识还能够促进自身能力的提升，从而升职加薪，那么学习就成了工作的一部分，就成了一种良性的循环，也就产生了内部的循环驱动力，会很容易形成持之以恒的习惯。

兴趣是与生俱来的吗？不是，兴趣是可以培养的。"工作之前凭兴趣，工作之后看需要。"需要才是你应该培养的最大兴趣。

三、乐之——体验层面

第三境界：乐之，是"乐趣"。是在体验层面，由学习引发的快乐，由学习带来的满足，由学习获取的幸福感的体验。这是一种理性认知和感性认同叠加起来之后获得的人生快乐！

一旦学习成了一种幸福感的满足，那学习就会生生不息，世代传承，如教师、作家、咨询师、科学家等岗位，都能通过自己的知识、作品、方案和发明，把自己的所学转化成生产力。培养莘莘学子，桃李满天下；净化民众心灵，粉丝遍神州；帮扶企业成长，业绩节节高；普惠万千民众，引领科技进步。在这些过程中，自己会获得无限的成就感和幸福感，如一代"武侠大师"金庸先生用自己的武侠作品影响了无数的国人，抒写了"侠之大者、为国为民"的民族高义，也诠释了"侠骨柔肠、至情至爱"的人间真情。

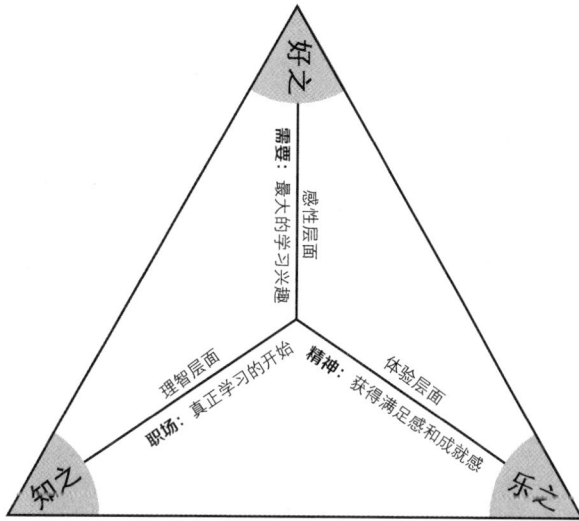

读书境界："三之"模型

图解49

参考文献

[01] 刘润.5分钟商学院［M］.北京：中信出版社，2018

[02] 王成.战略罗盘［M］.北京：中信出版集团，2018

[03] 裴中阳.战略定位［M］.北京：中国经济出版社，2014

[04] 王贵国，张雷.黄海战略［M］.北京：东方出版社，2018

[05] 栗学思.商业模式制胜：案例解析超速赢利的商业模式［M］.北京：中国经济出版社，2015

[06] 魏炜，朱武祥.发现商业模式［M］.北京：机械工业出版社，2009

[07] 叶舟，胡均亮.高宽深思维模式［M］.北京：中国言实出版社，2014

[08] 何帆.变量：看见中国社会小趋势［M］.北京：中信出版社，2019

[09] 沈志勇.大单品品牌：重新定义中国品牌模式［M］.北京：电子工业出版社，2013

[10] 路长全.品牌的两极法则［M］.北京：机械工业出版社，2012

[11] 何佳讯.品牌的逻辑［M］.北京：机械工业出版社，2017

[12] 德鲁·博迪，雅各布·戈登堡.微创新［M］.钟莉婷，译.北京：中信出版社，2014

[13] 叶修.深度思维［M］.成都：天地出版社，2018

[14] 史贤龙.产品炼金术：打造畅销产品的111个营销思维与方法［M］.沈阳：万卷出版公司，2012

[15] 艾·里斯，劳拉·里斯.品牌的起源［M］.寿雯，译.北京：机械工业出版社，2013

[16] 坂上仁志.NO.1法则［M］.孙浩，刘翼，译.广州：广东旅游出版社，2014

[17] 杰克·特劳特，艾·里斯.定位：有史以来对美国营销影响最大的观念［M］.谢伟山，苑爱冬，译.北京：机械工业出版社，2011

[18] 艾·里斯，杰克·特劳特.商战（经典重译本）［M］.邓德隆，火华强，译.谢伟山，审校.北京：机械工业出版社，2014

[19] 胡八一.人人成为经营者：中国式阿米巴实施指南［M］.北京：中华工商联合出版社，2015

[20] 汪寿阳，敖敬宁等.基于知识管理的商业模式冰山理论，2015

[21] 梁宁.得到课程：产品思维30讲，2018